卓越学术文库 ■

县级融媒体中心与基层社会治理现代化

XIANJI RONGMEITI ZHONGXIN YU JICENG SHEHUI ZHILI XIANDAIHUA

河南省高等学校哲学社会科学优秀著作资助项目

谢 婷 著

郑州大学出版社

图书在版编目（CIP）数据

县级融媒体中心与基层社会治理现代化／谢婷著.
郑州：郑州大学出版社，2024.11. --（卓越学术文库）.
ISBN 978-7-5773-0572-1

Ⅰ．G206.2；D63

中国国家版本馆 CIP 数据核字第 2024RL9826 号

县级融媒体中心与基层社会治理现代化

策划编辑	成振珂	封面设计	苏永生
责任编辑	郜　静	版式设计	苏永生
责任校对	王孟一	责任监制	朱亚君

出版发行	郑州大学出版社	地　　址	郑州市大学路 40 号（450052）
出 版 人	卢纪富	网　　址	http://www.zzup.cn
经　　销	全国新华书店	发行电话	0371-66966070
印　　刷	河南文华印务有限公司		
开　　本	710 mm×1 010 mm　1／16		
印　　张	12.75	字　　数	201 千字
版　　次	2024 年 11 月第 1 版	印　　次	2024 年 11 月第 1 次印刷
书　　号	ISBN 978-7-5773-0572-1	定　　价	68.00 元

本书如有印装质量问题，请与本社联系调换。

序

县级融媒体中心建设是我国现阶段的一项国家战略任务。在我看来，这项任务之所以重要，至少有这几个原因：一是县域治理在整个社会治理中的基础性作用，二是融媒体转型为技术发展的必然趋势，三是舆论体系建设的必要，四是媒体格局重塑之必需。

中国实行郡县制长达两千多年，史家恒言："郡县治，天下安。"在中国共产党领导的组织结构和国家政权体系中，县一级是重要的基层组织，处于承上启下的关键环节，是发展经济、保障民生、维护稳定的重要基础。习近平总书记曾任河北省正定县委书记，曾多次就如何做好县委书记发表讲话。他说："我曾担任过县委书记，每与同行谈起，大家总有一致的感慨：官不大而责任不小。"他还强调："县委是我们党执政兴国的'一线指挥部'，县委书记就是'一线总指挥'。"习近平总书记关于县委书记职责的论述，充分彰显了县域治理在整个社会治理体系中的基础性作用。

在 2013 年全国宣传思想工作会议上的讲话中，习近平总书记高瞻远瞩地指出，宣传思想工作创新，重点要抓好理念创新、手段创新、基层工作创新。理念创新，就是保持思想的敏锐性和开放度，打破传统思维定式，努力以思想认识新飞跃打开工作新局面。手段创新，就是要积极探索有利于破解工作难题的新举措新办法，特别是要适应社会信息化持续推进的新情况，加快传统媒体和新媒体融合发展，充分运用新技术新应用创新媒体传播方式，占领信息传播制高点。基层工作创新，就是要把创新的中心放在基层一线，扎实做好抓基层、打基础的工作。在理念创新、手段创新和基层工作创新中，理念创新是思想上的引领，手段创新和基层工作创新是具体应用。而手段创新的关键就是要适应社会信息化形式,加快媒体融合发展;基层工作创新即工作领域安排上要把基层一线放到特别重要的位置上。建设县级融媒体中心无疑是理念创新、手段创新和基层工作创新的综合表现。

作为我国四级媒体体制的基层单位,县级融媒体中心是我国传播体系的"神经末梢",在主流舆论阵地的建构上发挥着"最后一公里"的作用。2018 年 8 月,习近平总书记在全国宣传思想工作会议上发表重要讲话,提出"要扎实抓好县级融媒体中心建设,更好引导群众、服务群众"。在党和国家一系列战略部署和规划的推动下,县级融媒体中心建设工作全面展开。据《全国县级融媒体中心能力建设典型案例研究报告 2022—2023》提供的数据,截至 2022 年 8 月,全国已有 2585 个县级融媒体中心建成运行。而在行政区划上,中国大陆地区共计 1299 个县,117 个自治县,另有 977 个市辖区、396 个县级市、49 个旗、3 个自治旗、1 个特区、1 个林区,合计 2843 个县级区划。通过对比可以发现,我国县级融媒体中心建成率已达 90%。这毫无疑问是一个举世瞩目的伟大成就。

在经历了数量增长期后,县级融媒体中心建设要向提质增效过渡。要以围绕中心、服务大局为目标,强化引导功能和服务功能,在基层社会治理、引导主流舆论、振兴乡村文化等方面发挥积极作用。近年来,各地县级融媒体中心在"媒体+政务""媒体+服务""媒体+商务""媒体+文化"等方面开展了卓有成效的探索,将其作为提升地方治理能力的有力抓手,全面对接智慧社区建设,构建各具特色的商业模式,努力推动县域资源宣传推广,以期实现乡村数字信息资源共享,助力乡村文化繁荣。县级融媒体中心建设取得的成果,为媒体研究提供了丰富矿藏。作为一名新闻传播学者,我曾两次参加县级融媒体中心的方案论证和验收工作,深感此项任务意义重大,也深深体会到县级融媒体中心建设过程中的种种难处,如人才不足、媒体环境地域差异巨大、县级融媒体面临商业平台的竞争等。

令人欣喜的是,县级融媒体中心建设方面的相关研究近年来成果频出,谢婷的这本《县级融媒体中心与基层社会治理现代化》是这一研究领域的最新收获之一。该书选题新颖,问题意识突出,以社会治理为切入角度,深入探讨了县级融媒体中心与基层治理现代化之间的关联,突显了它在乡村振兴和意识形态建设方面的作用。本书既有理论层面的梳理,又有大量丰富案例作为支撑,对媒体从业人员、地方行政工作者和媒体研究者均有参考价值,值得向广大读者推荐。

　　谢婷是我在中南财经政法大学指导的硕士研究生,现为信阳师范大学教师,工作数年,孜孜矻矻,先后获得高校社会科学优秀成果奖和河南省高等学校优秀著作资助项目,成绩斐然。其书既成,征序于予,欣然命笔。

华中师范大学新闻传播学院教授　高海波

2024 年 8 月 26 日

前　言

在我国治理体系和治理能力现代化建设的过程中,县级融媒体中心是基层社会治理不可或缺的一环。在我国,县级融媒体中心的建设被提升为国家战略,并被视为促进基层社会治理现代化的重要途径之一。本书旨在深入探讨县级融媒体中心的发展与基层社会治理现代化之间的关系,揭示其在推动乡村振兴和加强意识形态建设方面的重要作用。

本书内容翔实,共分为七章。第一章介绍了研究的背景、意义和国内外研究现状,为后续章节提供了理论基础。第二章探讨了媒体融合的概念、我国媒体融合现状、县级融媒体中心及其功能。第三章总结了当前我国县级融媒体中心的架构设计和发展情况,并指出县级融媒体中心建设所面临的战略机遇。第四章回顾了我国基层社会治理现代化的历史进程,包括传统时期、民国时期和新中国成立以来的基层社会治理。第五章介绍了基层治理现代化视域下县级融媒体中心建设所面临的问题与困境,包括群众媒介素养缺失困境,媒体资源分配不均衡的挑战,内容、技术与人才短板对建设的影响以及新媒体兴起对县级融媒体中心建设的冲击。第六章提出了县级融媒体中心赋能基层社会治理现代化的路径,包括助力基层社会治理的方式和技术创新,并以中西部信息科技和文化崛起为例,探讨县级融媒体中心建设对当地发展的助力作用。最后一章展望了未来县级融媒体中心的发展方向,包括优化与上级政府和媒体的联结、优化与群众的联通、实现与市场的接轨、完善内容与服务的供应,并列举相关案例。

本书在写作方面具有多个显著特点:首先,本书论述注重全面系统,涵盖媒体融合领域的各个关键方面,从多个角度对主题进行阐述。其次,本书

1

注重理论与实践相结合,既对理论观点进行充分阐述,又深入探究实践路径。此外,书中还引用了具体案例进行分析,展示了县级融媒体中心在地方发展中的实际效果。通过理论与实践相结合的方式,读者可以更好地理解并应用书中的理论内容。同时,本书还通过对当前我国县级融媒体中心的发展概况的分析,揭示了县级融媒体中心在实际运作中的现状和存在的问题。通过历史回顾与现状分析,读者可以更清晰地认识当前基层社会治理的形势和县级融媒体中心的发展挑战。最后,本书具有较强的实际应用导向。在理论论述的基础上,书中提出了助力基层社会治理的实践路径和方式,并探讨了县级融媒体中心未来发展的策略,旨在为实际工作提供指导和借鉴。

本书致力于全面展示县级融媒体中心的发展与基层社会治理现代化之间的关系,为推动乡村振兴和加强意识形态建设提供有益的思路和实践经验。因此,本书适用于媒体从业人员、社会科学研究者、地方政府官员和决策者、教育机构和培训机构以及对媒体融合与基层社会治理感兴趣的公众。无论是从理论探讨还是实践应用的角度,本书都能够为这些读者提供有价值的知识和观点。

在本书的写作过程中,笔者广泛阅读了相关领域的文献、研究报告、学术论文以及政府文件等,这些参考资料为本书的内容提供了坚实的基础和丰富的支持。在此,向所有为本书提供参考内容的机构、个人和团体表示由衷的感谢。

由于笔者水平有限,本书难免存在不足和疏漏之处,敬请各位读者批评指正,并提出宝贵的意见和建议,以便笔者能够不断改进和完善本书的内容。

著　者

2024 年 10 月

目　录

第一章
绪　论

第一节　研究背景

2018 年 8 月 21 日,习近平总书记在全国宣传思想工作会议上提出:"要加强传播手段和话语方式创新,让党的创新理论'飞入寻常百姓家'。要扎实抓好县级融媒体中心建设,更好引导群众、服务群众。"2018 年 11 月 14 日,习近平总书记主持召开中央全面深化改革委员会第五次会议,审议通过了《关于加强县级融媒体中心建设的意见》,指出"要深化机构、人事、财政、薪酬等方面改革,调整优化媒体布局,推进融合发展,不断提高县级媒体传播力、引导力、影响力"。

县级融媒体中心建设的提出,推进了媒体融合的深度和广度。媒体融合是将文字、图片、音频和视频等多种形式的内容整合在一个平台上,并进行传播。我国媒体融合经历了两个阶段的发展。第一阶段以传媒集团建设为主,被称为"中央厨房",通过中央媒体集团整合资源,实现内容制作和分发的统一。这一阶段主要在国家层面进行,通过集中管理和资源整合,提高了媒体传播的效率和影响力。

随着社会信息化和技术进步,媒体融合迈入以基层"县级融媒体中心"建设为标志的第二阶段。县级融媒体中心的设立将媒体融合扩展到基层,使各级媒体更贴近群众,为地方发展和社会稳定提供更好的服务。县级融媒体中心整合各种媒体资源,利用互联网和新媒体技术,提供全方位、多层次的信息服务,增强地方新闻报道和舆论引导的能力。

县级融媒体中心是整合县域内各种媒体资源的部门,包括新闻、平台、人才和财政等资源,并负责统一管理新闻报道和舆情监管工作。其主要目标是引导和服务群众,充分发挥其聚合资源的优势,整合各类媒体资源,包括电视台、广播电台、报纸、网络媒体等,实现多媒体形式的内容生产和传播。因此被要求成为面向县域的主要舆论平台、全方位综合服务平台和社区信息枢纽。这些中心的设立旨在提供更加便捷和多样化的信息服务,以满足群众对新闻和资讯的需求。

县级融媒体中心是在原有新闻媒体基础上进行转型升级的重要举措。它整合了县域内的媒体资源、服务渠道和信息数据,实现了媒体的转型和升级。这种转型和升级主要体现在两个方面:定位的转型和功能的升级。

定位的转型意味着县级融媒体中心不再仅仅扮演新闻宣传机构的角色,而是成为"主流舆论阵地、综合服务平台和社区信息枢纽"。这意味着县级融媒体中心不仅要传播新闻信息,更重要的是成为引导社会舆论的主要阵地,提供综合服务和社区信息交流的平台。

功能的升级则表现在县级融媒体中心被赋予了更多的功能,拥有强大而包容的整合能力。除了传播新闻外,县级融媒体中心还依托数据和资源的聚合,通过平台的共建共享,为公众提供综合服务。这使得县级融媒体中心在基层社会治理方面发挥了重要作用,为地方发展和社会稳定奠定了基础。

县级融媒体中心与基层社会治理之间存在着两种关系理论,即"参与主体论"和"枢纽中介论"。根据参与主体论,县级融媒体中心被视为社会治理的参与主体,具备多维功能,以多元主义的身份参与社会治理。县级融媒体中心不仅仅是信息传播的平台,还承担着更加广泛的角色。它可以促进公众参与社会治理的广泛性和深度性,通过引导舆论和搭建交流平台,收集和反馈公众意见,参与政策制定和社会问题解决,实现民众对社会治理的参与和共建。

根据枢纽中介论,县级融媒体中心被视为实现县域"善治"的基础设施,被赋予了"县域治理枢纽"的角色。作为一个开放和公平的沟通渠道,县级融媒体中心通过提供聚合服务和资源共享,开拓民意渠道,促进公共决策的制定与执行,动员群众参与社会治理。这种角色定位使得县级融媒体中心成为政府服务和治理能力提升的重要推动者,为建设服务型政府和推动基层社会治理提供支持。

那么,县级融媒体中心为什么能够助力基层社会治理?县级融媒体中心通过哪些方面参与和助力基层社会治理?县级融媒体中心助力基层社会治理的理论支撑是什么?随着技术更新迭代,各种技术驱动县级融媒体中心功能拓展,技术进步能为县级融媒体中心参与和助力基层社会治理带来什么样的变化?县级融媒体中心参与基层社会治理的效果该如何评估?这些问题成了本书写作的起点。

第二节　研究意义

在西方语境中,"社会治理"是基于"治理"一词而产生的概念,它涵盖了"新公共管理""公共治理""多中心治理"和"善治"等多种理论内涵。这些理论和实践是各国政府对经济、政治和意识形态变化的回应。在中国社会语境和政策环境下,"社会治理"与社会转型和社会变迁的现实问题紧密相连。它标志着政府由单向的"管理"转向了政府与社会相结合的"治理",这种转变符合中国当前社会发展的需要,对于转变政府职能和解决社会问题具有重要意义。

在中国,社会治理的概念更加注重社会问题的解决和社会管理的全面性。它不仅强调政府的作用,也强调社会各方面的参与和合作。社会治理的目标是建立一个协调发展、稳定和谐的社会环境,促进社会公平正义、保障民众权益。在社会治理中,政府通过制定政策、加强法治建设和提供公共服务,发挥引导和监管作用。同时,社会各界也积极参与社会治理,发挥自主管理、协同合作的作用,共同解决社会问题。

2013 年,中共十八届三中全会提出"全面深化改革的总目标是完善和发展中国特色社会主义制度,推进国家治理体系和治理能力现代化"。2019 年 10 月 31 日,中国共产党第十九届中央委员会第四次全体会议通过的《中共中央关于坚持和完善中国特色社会主义制度、推进国家治理体系和治理能力现代化若干重大问题的决定》(以下简称《决定》)提出构建基层社会治理新格局,即"推动社会治理和服务重心向基层下移,把更多资源下沉到基层,更好提供精准化、精细化的服务"。

"郡县治,天下安。"这句古语也强调了基层社会的重要性。作为基层社会的基本地理单位和行政区划,县域政权和社会组织机构直接面向广大基层群众。事实上,县域在我国基层社会治理制度中起着至关重要的作用,它是从书面公文到实际执行的实践场所,其有效性在很大程度上决定了基层社会治理制度的运行状况。

县域基层社会治理体系的妥善构建和治理能力的提升至关重要,它关系政治生态的稳定有序、经济社会的健康发展以及个人的生存和发展。妥善构建基层社会治理体系意味着建立起一套能够适应县域特点和社会需求的制度机制,包括政府、社会组织、群众自治等多元主体参与的模式。同时,治理能力的提升是指各级政府和相关机构必须加强组织管理、政策落实和资源调配等方面的能力,以更好地满足基层社会治理的需求。

而传播能力的加强和提升对于基层社会治理至关重要,它是国家治理体系现代化的必要组成部分。实现国家治理体系和治理能力的现代化,需要充分发挥传播优势,将我国的制度优势更好地转化为治理效能。

传播能力现代化则是国家治理能力现代化的重要特征。传播制度本身就是国家制度体系的重要组成部分,它不仅承担着信息传递和意识形态传播的任务,还能够引导舆论、凝聚共识、推动社会发展。中共十九届四中全会提出了构建网上网下一体、内宣外宣联动的主流舆论格局,建立以内容建设为根本、先进技术为支撑、创新管理为保障的全媒体传播体系的重要指导思想。媒体融合发展和构建全媒体传播体系被置于国家治理体系的建设环节中,这意味着媒体融合与国家治理体系的现代化是相互关联的。

众所周知,媒体融合发展和全媒体传播体系的建设目标是构建一个多元、开放、高效的传播平台,通过创新技术和管理手段,实现信息的广泛传播和共享。这将有助于提升国家治理体系的效能,增强国家在社会治理中的引导力和影响力。县级融媒体中心是在新型主流媒体和现代传播体系建设的框架下提出的,旨在作为面向基层的新型主流媒体,参与和助力基层社会治理,通过传播沟通和引导服务来发挥作用。媒介融合被视为打造适应现代传播体系的新型主流媒体的必由之路。新型主流媒体的能力结构不仅仅包括强大的正面宣传能力,还需要具备扎实的危机沟通能力。县级融媒体中心建设面临着基层舆论生态复杂、媒体传播时常失效的社会环境。这决定了建设县级融媒体中心并使其参与和助力基层社会治理的现实必要性。

在基层社会治理中,县级媒体扮演着重要角色。然而,长期以来,县级媒体的缺位导致了传播失效、负面舆情传播以及群体性事件频发等问题,对基层治理构成了威胁。当前,国内县级的传统媒体主要是在中央、省、地、县"四级办台"方针下建立的县级广播电台和电视台。然而,这些媒体主要转播中央、省、市级的节目,只保留少量时段用于播放本地新闻和专题节目,导致县级媒体处于传播体系的边缘位置,难以发挥基层媒体的社会整合功能。此外,从2003年开始县报被裁减和停办,中国的大众媒体发展严重脱离了县区、社区空间。

为了解决这一困境,县级融媒体中心作为新兴主流媒体应助力基层社会治理。它能够破解县域空间内主流媒体传播力、影响力处于弱势地位的问题,更好地发挥舆论引导、沟通民意、社会整合、公共服务和文化传承的功能。

此外,在新媒体环境下,基层舆论生态变得更加复杂。县级融媒体中心作为基层沟通与服务平台,为基层社会治理体系的建设和治理能力的提升创造了条件。随着信息传播技术的普及,手机等新媒体已经渗透广大城镇和乡村地区。在县域范围内,出现了大量社会团体、机构和个人创建的自媒体,然而其中的信息质量良莠不齐,存在谣言、暴力、色情等内容,导致县级媒体格局和舆论生态的无序。技术赋权下的信息环境也为基层社会中各种思潮和文化的滋生提供了条件,不利于社会共识的形成和主流文化的传播,甚至在一定程度上加剧了社会矛盾。县级融媒体中心能够促进主流文化的传播,缓解社会矛盾,提升基层社会治理水平。

因此,县级融媒体中心在基层社会治理中具有重要作用。它能够填补县域内主流媒体传播的空白,引导舆论,整合社会资源,促进社会达成共识和发展,进而提升基层社会治理的效果和水平。

在基层社会中,尤其是县域空间,是社会矛盾和冲突的集中爆发地,人们可以在这里听到中国百姓真正想表达的声音和诉求。而作为基层传播的重要阵地,县级融媒体中心的建设则是实现融媒体传播自上而下全面融合的关键环节。

县级融媒体中心的建设不仅是构建现代传播体系和打造治国理政新平台的基础性工作,而且是提升传播力和传播主流意识形态的"最后一公里"。作为党和政府在基层社会的舆论阵地要塞,县级融媒体中心的基本定位是基层的"主流舆论阵地、综合服务平台和社区信息枢纽",它承担着参与和助力基层社会治理的重要职责。

因此,对县级融媒体中心与基层社会治理的理论和实践进行深入探讨显得尤为必要。这涉及如何更好地发挥县级融媒体中心的舆论引导作用,加强信息传播的广度和深度,提升社会治理的效能和透明度。同时,还需要关注如何构建县级融媒体中心与政府、社会组织和公众之间的良好互动机制,促进基层社会治理的民主参与和协同发展。

目前,针对县级融媒体中心与基层社会治理的研究相对较少,主要集中在县级融媒体中心的组织变革、机制重塑以及技术融合等方面的问题。有限的社会治理研究主要涉及县级融媒体中心在政务服务和舆论引导方面的作用,并且多是从新闻传播学的角度来分析县级融媒体中心的建设。

为了夯实县级融媒体中心助力基层社会治理的理论基础,需要利用多学科的视角来探索新时代基层社会治理的新内涵以及它与县级融媒体中心建设的关系。同时,也需要寻找县级融媒体中心与基层社会治理的实践路径。这将帮助我们更好地理解县级融媒体中心在基层社会治理中的作用,并为县级融媒体中心的建设提供更加科学和有效的指导。

第三节　国内外研究现状

一、国内研究现状

媒体在社会治理中的重要作用不容忽视,联合国教科文组织也提出了这一观点。县级融媒体的建设将为我国基层社会治理提供全新的手段和开拓新的局面。作为顺应时代需求和体现互联网思维的创新举措,县级融媒体建设在新媒体时代背景下具有重要意义。

新闻舆论工作是治国理政、定国安邦的大事,而县级融媒体中心的建设旨在解决舆论宣传中的"最后一公里"问题,是为了提升舆论工作的效果和质量。我们可以展望,县级融媒体的建设将为基层社会治理提供一个稳定、专业、讲党性、有组织的平台。

同时,县级融媒体建设将为基层治理提供平台基础、人才资源、技术手段以及体制创新。它不仅巩固和壮大主流思想意识形态阵地,还能发挥信息资讯服务、电商金融服务、政务办公服务等多项职能,进一步提升基层治理的现代化水平。

当前,对县级融媒体的研究在学术界已有很多,尤其是在 2018 年全国宣传思想工作会议召开之后,相关研究呈现出井喷式的发展态势。然而,将县级融媒体与基层治理现代化相联系展开学术研究,仍然属于创新领域,目前的研究相对较少。从总体上看,这方面的研究可以分为建设意义和建设模式两个方面。

一是县级融媒体建设对促进基层治理现代化意义的研究。县级融媒体的建设可以实现一定程度的"再中心化",发挥传媒在协同治理中的作用。学者徐敬宏认为,县级融媒体的建设可以协助治理网络空间,净化网络环境,在信息内容的治理中发挥关键作用。县级融媒体的建设与地方政府职能部门深度融合,创新基层治理手段,彰显了其在助力基层治理水平提升中的重要地位和作用。县级融媒体中心的建设与发展必须与国家治理体系和治理能力现代化紧密联系，从国家治理的高度制定县级融媒体发展的蓝图。

二是县级融媒体创新基层社会治理模式的研究。针对当前基层治理中公共协商不足的现状，县级融媒体可以充当议题设置者、商议组织者、价值解释者、执行评价者的角色，在新闻宣传、公共服务、社交互动等方面发挥作用。从网络舆情的角度来看，县级融媒体的建设可以以省级主流媒体为主导，在云技术基础上构建省级技术平台，逐步完善县级网络舆情治理体系，从而在移动互联网时代的网络治理中发挥重要作用。县级融媒体的建设与发展必须承担起县域社会治理转型和社会治理能力提升的要求，符合当今时代需求，才能为县级融媒体建设选择正确的路径。

实现乡村治理体系构建与网络舆情管控的关键在于畅通官方和民间舆论场，提高农村人口的政治信任和政治参与。只有确保信息的畅通，政令才能顺畅传达，上下联动共同构建同心圆。解决舆论宣传的"最后一公里"难题，为县级融媒体的建设和发展提出了阶段性的建议，以期实现基层治理的"信息化+一体化+现代化"。

尤其是近年来，乡村的价值受到广泛关注，不再被视为遥远和落后的象征。然而，在新兴媒体中，乡村形象的呈现出现了一些问题。一些新媒体内容未能讲述好乡村故事，反而加剧了地域偏见和冲突，导致乡村与城市、官方与民间舆论之间的对立激化。这种情况影响了中央政策信息的畅通传达，加剧了信息鸿沟，降低了农村人口的政治信任和政治参与。因此，我们可以从多学科的视角，将乡村振兴、信息传播与接受以及县级融媒体置于一定的理论框架中，以明确的理论导向指导实践。

另外，精准扶贫、乡村振兴和新兴媒体是构建新型农村信息传播机制的核心要素。相关研究将为政府决策和官民互动提供决策服务。通过定量分析农村融媒体的使用现状、政策信息获取率和传播效果等实际问题，为实现乡村振兴提供具体可操作性的建议。实现城乡社区治理的"信息化+一体化+现代化"是基层治理现代化的重要内容，也是国家治理现代化的坚实基础，更是促进乡村振兴的关键抓手。只有信息畅通，才能实现政令畅通，上下联动共同构建同心圆，实现为群众提供服务、引导群众的目标。

　　然而,信息到达率的不可预测性直接影响着政府与公民之间的理性对话。大量基层群众成为信息的"盲区",基层社区变成了"信息荒漠"。信息的畅通与否成为政府与基层社区密切联系的民主政治的基石。让信息公平"回归基层社区"和"回归公共服务"是顺应智慧媒体时代治理现代化的必然之路。

　　本书将以县级融媒体为切入点,对乡村治理进行创新性研究。研究将从理论和实证两个方面展开。在理论研究方面,本书将为国内乡村传播领域提供有益补充的理论成果。在实证研究方面,本书将进行实地调查,采用一系列调研方法和研究方法,并收集相关数据。这些调研方法、研究方法以及所获得的数据,将为未来进行类似实证研究的学者提供参考和借鉴。

　　乡村治理在县级融媒体建设的推动下发生了巨大变化,这对于乡村振兴战略来说是极为有益的。乡村振兴战略将国家发展的焦点转移到了县区和乡镇村一级,这为县级融媒体建设提供了新的机遇。县级融媒体与乡村振兴相辅相成、相得益彰、相互促进。本书涉及农村公共管理和基层治理等方面,重点关注村干部和农村意见领袖在政策信息传播过程中的作用,以揭示当前基层治理存在的问题。促进政策信息在农村地区的传播对于维护农村地区主流意识形态的稳定具有重要意义。通过对政策信息在农村地区传播情况的研究,可以构建农村信息传播网络和运行体制,为政府制定和实施涉农政策以及开展基层治理提供决策支持。

二、国外研究现状

　　美国麻省理工学院教授尼古拉斯·尼葛洛庞帝(Nicholas Negroponte)首次提出了"媒体融合"(Media Convergence)的概念,之后,美国麻省理工学院教授伊契尔·索勒·浦尔(Ithiel De Sola Pool)提出了观点:媒介融合是指各种媒介呈现多功能一体化的一种媒体发展趋势。

　　所以我们可以理解为:媒体融合是一个外来引入概念。把握住国外研究中这一概念及其相关理论,有助于我们理解媒体融合。美国媒体融合研究学者亨利·詹金斯(Henry Jenkins)认为,媒体融合文化主要涉及媒体技术、媒体经济和媒体权力三个面向。

美国学者里奇·戈登（Rich Gordon）在 2003 年所著的《融合一词的意义与内涵》中阐述了媒体融合的六个方面的情况：媒体科技融合、媒体所有权合并、媒体战术性联合、媒体组织结构性融合、新闻采访技能融合和新闻叙事形式融合，对这六种融合的情境描述，使大众对媒体融合有了更细致全面的认识。

何赛·阿尔贝托·加西亚-阿维莱斯（José Alberto García-Avilés），安迪·卡尔滕布鲁纳（Andy Kaltenbrunner）和克劳斯·迈尔（Klaus Meier）比较了奥地利、西班牙和德国三个融合新闻工作室的案例，提出了三种媒体融合形式：完全融合（Full Integration）、跨媒体（Cross Media）、各平台协作（Coordination of Isolated-platforms）。他们认为，只有做到彻底融合才算是真正意义上的媒体整合，后两种形式只是资源和人员不同程度的共享，只是实现完全融合的一个阶段。在媒体融合过程中，这六点至关重要：市场环境、新闻编辑室组织结构、新闻制作工作流程和内容、管理方式的转变、媒体人员新技能的培养、受众参与。他们从这六个方面分析了三种媒体融合形式的特点。

英国融媒体是如何建设的？权琪人认为英国传统新闻媒体推进媒体融合的重要手段是重组媒体内部组织架构，并举例：英国广播公司（BBC）的传统组成是由大电视、大电台、小网络，这些媒体各自开展业务。遇到新闻报道，这些媒体就各派自家记者、编辑，各自完成采编后发布到自家平台上。针对这种情况，BBC 设立了"中央厨房"，把这些零散的报道团队互相打通，成立了多媒体新闻工作室；之后，英国的大多数新闻媒体普遍通过模仿 BBC 的架构变革，将各种媒体融合渠道综合利用起来，将传播立体化，力争讲好新闻故事，最大限度吸引受众。报纸、杂志、电视、广播、网站、移动客户端还有脸书、推特等各种社交新媒体，全部糅合在一起，进行交叉传播，形成多维、立体、融合的全程性传播格局。

国外政府如何营造有利的政治环境，为媒体融合发展亮起绿灯？魏然、黄冠雄指出，随着技术条件开始日益成熟，美国和英国开始在政策法规方面为媒体融合打开绿色通道。标志性的一些政策调整就是美国国会通过了《1996 年电信法案》，不再限制传媒跨媒体经营；同时开始促进电信、互联网和广播电视网这三者之间的业务融合。至此,美国将媒体融合正式提上日程。

在亚洲,新加坡的报媒和电视台是率先实现媒体融合的代表。曾繁诗、董三仁分析了新加坡媒体融合发展的政策环境,通讯及新闻部如何整合了新闻、通信和信访三大功能,政府如何针对融媒体发展制定了公共传播与新闻管理策略,并总结了其对于国内传媒融合的现实参考意义。

国外媒体融合研究对中国县级融媒体中心建设的参考和启发是非常宝贵的。虽然我们还处于媒体融合的初级阶段,但通过学习国外先进的经验,可以更好地指导我们在融媒体中心建设中的探索和发展。

同时,我们必须意识到国情的不同以及意识形态和文化的差异性。单纯地照抄照搬国外的模式可能行不通,因为每个国家的媒体环境和社会背景都是独特的。我们需要审慎对待,并结合中国的实际情况进行借鉴和创新。

第二章
媒体融合与县级融媒体中心概念的提出

第一节　媒体融合

　　媒体融合的实践应该从其含义出发。我们需要了解媒体融合概念的内涵和外延,并根据媒体机构的发展需求,因地制宜地确定相关的执行方案。媒体融合的含义不断丰富,也依赖于具体媒体机构实践的不断完善。它既代表了从技术视角出发的媒体融合本意,也包含了我国媒体机构在探索适合自身特点发展道路方面的经验。对于媒体融合核心概念如何发展与完善的理解,可以进一步指导我国贯彻媒体融合发展战略。综合上述内容,本章对媒体融合概念的发展进行了梳理,并从中延伸至融媒体中心的相关概念。

一、媒体融合概念的提出

　　媒体融合概念不断演进,并在实践中寻求着发展路径。为了回答媒体融合建设的问题,我们必须追根溯源,从概念本身出发,去理解媒体融合的真正含义及其内涵和外延。只有对媒体融合概念进行深入的思考和理解,才能在实践中更好地应用媒体融合的理念,探索出符合实际情况的发展策略。媒体融合概念的演进是一个不断探索的过程,只有不断跟进并理解其演化,才能更好地引领媒体行业的未来发展。

　　自1983年媒体融合概念提出以来,已经有40余年的发展历程。在伊契尔·索勒·浦尔于 1983 年出版的《自由的科技》一书中,他以先验性的视角提出了一种被称为"各种模式融合"的现象,该现象模糊了媒体之间的界线。在美国报纸订阅量下滑、电视收视率下降的背景下,这一定义基本涵盖了 20 世纪 90 年代国外学术界和媒体行业对"融合"一词的讨论范畴。主要关注点是通过数字化将过去分离的技术平台合并在一起。巩特尔(Gunther)等人在 1991 年以数字新闻系统 EDUCOM 为例,详细介绍了其实现计算机、电视和互联网之间交互功能的方式,并通过图示说明了在该系统中,同一终端可以使用多种工具来分发不同的内容。作者进一步指出,这类系统可以帮助新闻从业者更快地追踪热点事件,打破过去大众媒体内容更新较为缓慢的节奏。这些研究以数字化为核心,将浦尔关于媒介技术界线模糊化的思想带入实践,并设想了这种技术平台合并的运作机制和功能。

除了报纸、广播和电视行业,一些具有媒介属性的传播技术也被许多学者研究,比如鲍德温(Baldwin)等人对电影内容进入互联网的过程进行了调查,肯定了其传播范围的扩大。陈·奥姆斯特德(Sylvia Chan-Olmsted)等人则探讨了 DVD 播放技术的发展,以探究融合现象在其中的体现。这些研究都试图对各种媒介的合并进行尝试,并详细介绍了它们作为一种新型传播媒介的特点。

众多媒体机构在实践中证明了将多种技术合并在同一平台的可行性,这引起了一些学者的关注,他们意识到合并所带来的技术影响必然会扩展到媒体的内容生产、分发、市场经营,甚至产业规则制定的各个方面。在 20 世纪 80 年代,尼古拉斯·尼葛洛庞帝曾提出了"数字融合的三个圆"理论,预测电视、出版和计算机将在产业范围内实现重叠。媒体融合的含义基于技术合并的视角不断扩展,对媒体产业的各个环节都产生了不同程度的影响。从内容的创作和制作到分发和传播,再到市场竞争和产业规则的制定,媒体融合都在重塑整个媒体产业的格局和运作方式。

在 1997 年,欧盟通过《电信、媒体与信息技术整合及其规制议题绿皮书》(以下简称《绿皮书》),对媒体融合现象进行了明确的定义。根据《绿皮书》的定义,媒体融合是指在用户、网络和服务的通信中,以及电视和个人计算机之间无缝汇流的现象。这一定义将基于媒介技术的服务、用户和新闻机构之间的互动关系纳入考察范围。然而,更多的学者在思考媒体融合问题时也在不断反思,他们强调技术主导的视角对于媒体或媒介本身成为问题中心,却忽略了"传播"作为媒体融合过程中的重要环节。事实上,一些学者认为融合所带来的改变不仅限于媒体机构自身的转型,而是在 Web 2.0 的参与下,用户利用新媒体平台进行内容的迁移。这实际上暗示着更多社会因素在背后发挥影响力,这些因素涉及媒体产业、媒体规制以及用户的创造力等各个方面。媒体融合的影响不仅仅是技术驱动的变革,还涉及社会和文化层面的复杂互动。

二、媒体融合概念的讨论与演变

学者们对媒体融合在文化层面的含义进行了更深入的探讨,并提出了一些质疑:"媒体融合是否真的可以完全实现?"在文化概念层面,媒体融合被学者们更多地解释为一种在过程中塑造社会的效果。媒体融合不仅仅是技术上的整合,更重要的是它对于社会和文化的影响。它改变了人们获取信息和进行交流的方式,塑造了新的社会互动模式和文化表达形式。然而,媒体融合的实现并非一蹴而就,它面临着许多挑战和困难,如技术标准、商业模式、文化差异等。因此,对于媒体融合的理解需要更加综合和多层次的视角,将其视为一种持续的、复杂的社会和文化变革过程。

在 2006 年,亨利·詹金斯在他的著作《融合文化》中对以技术为主导的媒体融合概念进行了批判性的解构。他强调了普通网民在利用新媒体技术时,通过内容的创作与分享实现多平台的合并。对詹金斯来说,媒体融合不是终点,而是传播过程中的一个重要组成部分。他认为新媒介与旧媒介之间的碰撞不仅仅限于媒介形式的改变。在他的理解中,融合首先带来了内容生产主体的逐渐开放和多元化,普通的网民能够充分参与内容的创作。他们不再受限于专业媒体对内容生产的规范,打破了媒体机构在内容生产和传播方面的垄断。而跨媒介叙事则成为媒体融合在网民层面的一种体现方式。一方面,用户在不同媒介平台之间的迁移行为本身就是一种跨媒介、跨平台的叙事构建;另一方面,跨媒介叙事的存在则为用户在不同平台之间的迁移和交互提供了前提和基础。这种跨媒介的叙事方式使得用户能够更加自由地创作和分享内容,形成了一种全新的参与性媒体环境。

里奇·戈登在2003年总结了美国出现的五种"媒介融合"或称为"新闻业融合"的类型。这些类型包括:①所有权融合(Ownership Convergence):大型传媒集团建立自己的平台,并在其中设立不同类型的媒介,以确保这些媒介之间能够相互推荐内容和共享资源。这种融合类型跨越了媒介机构的限制,以地区为单位,将不同媒介纳入统一的平台中。②策略性融合(Tactical Convergence):指不同机构和所有权的媒介在内容上实现共享,例如不同媒介集团的报社与电视台之间以合作的形式共享新闻资源。③结构性融合(Structural Convergence):主要指媒介机构内部的新闻采集流程融合,将新闻内容视为一种产品,在专业团队的打造下,以打包形式出售给其他媒体机构。④信息采集融合(Information-gathering Convergence):主要指新闻生产层面的技术融合,从业者使用多种媒体的方式完成新闻采编工作。这种融合形式在目前多数媒体机构的实践中得到应用。⑤新闻表达融合(Storytelling or Presentation Convergence):指新闻制作完成后的分发层面,从业者利用多种媒体平台向公众传递内容。这些不同类型的媒介融合涵盖了新闻产业的各个层面,从媒体所有权到内容生产、采集和表达的不同环节。这些融合形式使得新闻业能够更好地适应技术和社会的变化,提供更丰富、多样化的新闻产品和服务。

戈登的媒介融合分类是基于美国新闻业的实践总结而来的。这些分类主要从技术融合的角度出发,强调融合对新闻业的改变。蔡雯认为,戈登在分类标准上存在前后不一致的问题。前三类是从媒介组织行为的角度进行划分,而后两类则是根据从业人员实际工作流程进行划分。尽管如此,戈登的研究基本上揭示了媒体融合的广泛范围,无论是媒体机构还是从业者都应该朝着以新媒体技术为导向的融合发展。这种发展要求媒体单位和从业人员密切关注和应用新媒体技术,以适应不断变化的媒体环境,并为受众提供更多元化和创新性的新闻产品和服务。

由此我们可以断定,媒体融合的提出源于多种媒介技术和功能的融合发展的内在需求。正如罗杰·菲德勒(Roger Fidler)所指出的,传播媒体的形态变化往往是由于可感知的需要、竞争和政治压力,以及社会和技术创新之间的复杂相互作用的结果。在 2006 年, BBC 的马克·汤普森(Mark Thompson)提出了"马提尼媒体"的概念, 旨在超越传统的广播电视机构定位, 使受众可以在任何时间、任何地点、通过任何可以上网的设备消费 BBC 的内容。为此, BBC 建立了超级媒体编辑部, 成为媒体融合的典型案例。这一举措使 BBC 能够通过结合不同媒介平台和技术, 为受众提供更加灵活和个性化的内容体验, 适应了当代数字化媒体环境的变革。这一案例表明媒体机构在面对媒体融合的挑战时, 应积极探索跨平台、跨设备的创新方式, 以满足受众多样化的需求和消费习惯。

三、媒体融合的历程

就报纸的媒体融合历程而言, 全球报业在与新媒体的融合过程中经历了不同的阶段。从 20 世纪 90 年代至今, 大致可以划分为以下四个阶段: 有报无网、报网并存、报网互动和报网融合。

第一阶段, 有报无网。该阶段报纸仅限于以纸质形式存在, 没有涉足网络领域。报业机构尚未意识到新媒体的潜力和重要性, 因此缺乏与之配套的在线平台。

第二阶段, 报网并存。该阶段报纸开始逐步建立自己的网站, 通过电子版提供在线阅读的功能。这一阶段的重点是将报纸内容转化为电子形式, 并通过网站为读者提供更广泛的访问途径。

第三阶段, 报网互动。该阶段为报纸与网站之间的互动阶段。报纸机构开始积极利用互联网的特性, 与读者进行互动和反馈。它们通过在线评论、社交媒体和互动功能等方式与读者建立联系, 以增强读者参与感和忠诚度。

第四阶段, 报网融合。该阶段为全媒体阶段。在这一阶段, 报纸与网站的边界逐渐模糊, 传统媒体与新媒体紧密结合。报业机构不仅通过纸质报纸和网站提供新闻内容, 还利用多种媒体形式, 如视频、音频、移动应用程序等, 向读者传递信息。在全媒体环境下, 报纸成为一个综合性的媒体平台, 通过不同的渠道和形式实现内容的传播。

从媒体融合的角度来看, 传统媒体与新媒体经历了内容融合、生产融合和功能融合三个阶段。这些阶段展示了媒体融合的不断发展和创新。

第一阶段是内容融合阶段，主要集中在媒体形态上的融合。传统媒体开始将内容转化为电子形式，并通过自建网站、微博和微信公众号等新媒体平台传播。举例来说，北京的媒体联合成立了千龙网，将报纸的内容呈现在网络上；上海报业集团开设了微博和微信公众号"上海观察"，实现了报纸内容的移动传播。

第二阶段是生产融合阶段，这一阶段受到市场、技术和政策的推动。国内的媒体纷纷成立融媒体中心，以应对传播环境的变化，实现全媒体转型。这涉及生产、渠道、传播和平台等方面的融合。主流媒体进行了内部组织机构的重组和业务流程的改造，转变新闻内容的生产理念与实践。例如，人民日报社从 2015 年开始尝试"中央厨房"工作机制，整合全社的采编资源，实现"一次采集、多种生成、多端传播"，并推出具有交互性、传播力和影响力的融媒体产品和系列报道，以适应融合传播的移动化和视频化趋势。

第三阶段是功能融合阶段，随着信息传播技术的不断发展和互联网的强大功能，媒体融合所涵盖的内容也更加丰富，不再局限于信息传播领域，而是向信息和服务的功能融合方向发展。例如，广西日报社通过向移动互联网转型，创造了名为"广西云"的产品，其中的"桂管家"通过微信、支付宝和网银等支付平台为用户提供便捷高效的一站式服务，实现了信息和服务的融合。

从互联网发展的广阔视角出发，媒体与互联网的融合进程经历了从门户媒体时代到社交媒体时代，正朝着未来的"智能场景时代"迈进。媒体融合的进化路径可概括为四个阶段：在线化、数据化、平台化和智能化。当前，国内媒体融合正处于纵深发展的"提速升级阶段"。这一阶段的发展表现为媒体融合不再仅仅是相互叠加，而是向相互融合的方向发展，构建智能化的全媒体传播体系。具体体现在媒体智能化、全媒体传播、平台功能拓展和移动场景传播等方面。同时，媒体融合也在从中央媒体打造"中央厨房"以争夺舆论阵地的第一阶段，转向基层融媒体中心的建设，为信息与服务提供支持，并建立起基层社会治理参与的沟通渠道，进入了第二阶段。

这一发展过程意味着媒体融合的深入与进步，不仅体现在技术层面的智能化和全媒体传播的实现,也体现在媒体在社会中的角色演变和责任担当。媒体不再只是单向传播信息,而是积极参与社会治理,为基层提供支持和服务,建立起上下沟通的渠道。这种融媒体中心的建设不仅有利于加强基层社会的信息传播和舆论引导,也有助于媒体与公众之间的互动和参与。媒体的融合发展正逐渐成为推动社会进步和提升人民生活质量的重要力量。

未来,随着科技的不断进步和社会的变革,媒体融合将继续向智能化、个性化和场景化的方向发展。通过创新技术和平台,媒体将更加贴近用户需求,提供更多元化和个性化的内容和服务。同时,媒体也将深度融入生活场景,利用智能设备和人工智能等技术,实现更便捷、智能的传播体验。媒体融合的未来发展将为人们带来更丰富、便利和有价值的信息和体验,推动社会的发展和进步。

第二节 我国媒体融合现状

一、我国媒体融合发展历程

媒体融合是互联网对传统媒体进行改革和创新的结果之一。为了准确理解我国媒体融合政策的顶层设计意图,我们可从互联网发展和媒体融合发展这两个维度交替演进的思路出发,分析我国从 1994 年全面接入互联网至今,传统媒体与新兴媒体的融合发展的关键时期。这一过程可以大致分为以下四个阶段。

第一阶段是网络化阶段,主要以传统媒体为主导推动报纸和电视台的网络化转型。国家政策导向主要是鼓励传统媒体积极进行网络化、电子化探索,使其在互联网时代能够更好地适应变革的需求。

第二阶段是并行发展阶段,传统媒体与新兴媒体同时发展,国家政策导向鼓励支持新兴媒体自主探索发展道路,为传统媒体和新兴媒体创造了公平竞争的环境。

第三阶段是以新媒体建设为主导,推动传统媒体与新兴媒体的融合发展。国家政策导向鼓励传统媒体积极整合新媒体资源,加强与新兴媒体的合作与交流,实现优势互补,提升传媒行业的整体竞争力。

第四阶段是县级融媒体中心建设阶段,重点推动媒体融合向基层纵深发展。国家政策导向强调融合创新,注重引导服务,促进媒体在基层地区发挥更大作用,满足人民群众对多样化、个性化信息需求的同时,推动地方经济社会的发展。

这四个阶段的媒体融合发展过程体现了我国政府在媒体领域的引导和支持,旨在适应信息时代的变革,并推动媒体融合向更高水平发展。

发展阶段和背景不同,媒体融合在不同时期的发展重点、政策关注点和支持力度也有所不同。然而,无论是传统媒体还是新兴媒体,无论是独立发展还是融合发展,网络信息技术的发展和应用程度都是重要的政策考虑因素。国家在媒体融合方面通过政策引导,鼓励各类媒体利用现代网络信息技术提升传播力、影响力、引导力和公信力,这一总体要求在不同时期并未改变。

(一)传统媒体数字化

中国传统媒体的数字化发展是从 1994 年开始的。这个阶段被称为传统媒体的启蒙时期,主要特点是报纸内容的电子化和网络化。互联网的诞生给媒体行业带来了颠覆性的变革。早在 1989 年,蒂姆·伯纳斯-李(Tim Berners-Lee)在欧洲核物理实验室开发了万维网,通过超链接技术,实现了文字、图形、声音和视频资料的统一接口。互联网开放、快速和全天候的特性使得任何人只要接触和连接到网络,无论在何时何地,都能传送和分享经验、知识,发表意见和见解。

1994 年,中国全面接入国际互联网,当时的网络技术水平相对较低。在那个时候,由于网速较慢,文字消息比图片和视频更容易传播。因此,在中国,互联网对媒体的改变首先从报纸开始。报纸的网络化主要是建立在纸质版的基础上,借鉴和应用互联网的传播优势,扩大报纸内容的覆盖范围,加快新闻信息报道的速度和深度。报纸的网络化旨在将内容移植到互联网上，为网民提供阅读，扩大用户群体，并弥补纸质报纸读者流失和发行量下降的情况。在这个阶段，互联网还不是内容生产的平台，而仅仅是内容传播的一个新增渠道。报纸的内容生产仍然遵循传统模式，没有根据互联网的特点进行内容创新。

在报纸上网的初期，由于网络速度慢、网民数量有限，以及技术和人才的缺乏等原因，大型报业集团通常只是将传统纸质版报纸电子化，在网站上简单地复制报纸的内容。广播电台、电视台和通讯社的网站也多是如此。它们只是简单地将传统媒体的内容放在互联网上，几乎没有根据互联网特点进行编辑和分发，并与网民互动。尽管如此，在 Web 1.0 时代，报纸仍然成功地扩大了读者群体，并丰富了内容形式。因此，可以说报纸的网络化在一定程度上取得了成功。

（二）传统媒体与互联网"联姻"

随着报纸上网的突破，商业网站与互联网的关系变得更加紧密。中国的第一家商业网站 ChinaByte 于 1997 年 1 月开通，随后网易、搜狐、腾讯和新浪等公司相继成立。商业网站以快速发布新闻信息为立足之本，成为传统媒体广告用户的强大竞争对手。

商业网站的出现使得我国的互联网新闻信息服务分为两种渠道。一种是传统媒体将原有媒介的内容放到互联网上，另一种是商业网站将传统媒体的新闻报道整合后再次传播。这两种服务方式引发了新闻信息采编权与互联网新闻传播权之争，推动了我国互联网信息服务产业的蓬勃发展。尽管传统媒体与新兴媒体进行了融合发展，但从用户数量和社会舆论影响力来看，传统媒体与商业网站之间仍存在较大差距。

总体而言，传统媒体与商业网站的竞争实质上是先行者拥有全功能新闻采编报道权利与后来者拥有互联网传播技术优势之间的较量。这也是县级融媒体建设中需要吸取的重要教训，即拥抱先进的信息技术比固守传统的采访权利更为重要。

（三）媒体产品多元化

随着互联网技术的不断更新和智能设备的涌现，我国的媒体产业也不断尝试各种新形式，以更好地吸引读者。服务提供商（SP）业务的兴起推动了传统媒体以手机报的形式实时向读者更新内容。兴起的社交媒体平台，如微博和微信公众号，为传统媒体提供了新的机遇，使其与用户进行更多的互动。而新闻客户端则成为传统媒体通过移动互联网技术提供自主内容的平台。这四种形式在不同的时间段展示了我国传统媒体多样化的媒介产品类型。

1. 手机报

在互联网 SP 业务中，门户网站通过短信向用户发送新闻内容，最初以文字版为主。随着短信篇幅限制的放宽和彩信功能的增加，传统媒体也加入了向用户推送短信新闻的行列，并附带精美的排版和分栏。随着 2G 网络的推广，也出现了通过 WAP 网络在手机浏览器中浏览报纸内容的"网站型手机报"。

2. 微博

微博作为一种社交媒体，具有一对多的传播特点，用户之间的联系紧密。传统媒体在微博平台上开设官方认证账号，继续维持其主流媒体品牌效益，与互联网充分融合成为一种新产品。传统媒体利用微博平台帮助用户创造内容，弥补了传统媒体时效性不足的同时，使微博平台的参与用户与传统媒体互为信息来源，为媒体机构提供新闻信息和线索。

3. 微信公众号

微信公众号利用微信点对点传播的功能，可以向特定用户精准推送信息，并突破了微博字数限制，提供更多内容。微信公众号可以保存阅读文章，方便用户即时和延时阅读。此外，微信公众号的内容篇幅较长，符合传统媒体对内容质量的要求。

4. 新闻客户端

新闻客户端借助移动终端的快速发展，成为当下重要的媒介产品。新闻客户端是传统媒体摆脱商业内容平台，建立自主内容终端的新尝试。它一方面帮助传统媒体完成新媒体的全流程内容生产，另一方面由于具有更高的自主性，可以与更多第三方进行联动，吸引更多读者的关注。

这些多样化的媒介产品展示了传统媒体在面对互联网时的创新和适应

能力。它们通过整合新技术和媒体形式，为传统媒体提供了更广泛的传播渠道，并吸引了更多的读者参与和关注。

（四）用户生成内容改变传统媒体内容生产流程

用户生成内容（UGC）是与传统专业媒体机构的内容生产相对应的概念，指的是网民通过非专业渠道创造具有一定创造性的内容，并在社交媒体等互联网渠道上进行传播。

在 Web 2.0 时代，业界对于"用户生成内容"进行了广泛的讨论，它代表了互动性、双向性和去中心化的传播网络，汇聚了用户强大的力量。它依赖于受众的原创和自主建设。对于 UGC 的定义讨论主要涉及两个方面：一是创作者是否为非专业人员；二是创造的内容是否具有一定的创新性。UGC 具有以下特点：一是行为主体具有自主性；二是内容具有原创性和非专业性；三是内容的发布具有随机性。

丹·吉尔默（Dan Gillmor）指出，在 UGC 的层面上，网民既可以被动地接收传播者发送的信息，也可以成为主动的传播者。2002 年，他提出了一个概念："We Media"（自媒体），可以理解为"每个人都是媒体"。当网民个体拥有社交媒体账号时，他们可以自主发布内容，实现从"受众"到"传播者"的转变。因此，只要网民使用具备 UGC 模式的媒介工具，就可以主动参与内容生产环节，扮演多种角色，如内容传播者和生产者。

UGC 被广泛应用于播客、博客、微博、社交网络服务、聚合内容和维基等社会化媒体平台，它是个人力量和个体参与互联网的重要体现。UGC 模式赋予了网民更多在表达方面的主导权。过去，传统媒体主导议程设置并掌握话语权，而 UGC 模式打破了"人们只能通过主流保守媒体看世界"的限制。

首先，UGC 模式结合多种媒体手段，帮助网民在舆论事件中产生有影响力的内容，并通过社会关系网络产生多样化途径。这使得普通事件在短时间内转变为"公众议题"，引起公众对社会事件的关注。网民成为议程设置的主体。

其次，UGC 的双向互动改变了原有的单向信息传播模式。传统媒体面临着由于 UGC 模式的兴起而被渠道化的现象，公共事件的议程由公民新闻来设置。许多社会突发事件首先进入 UGC 模式下的网民大规模内容生产和交流渠道，引起网络空间的关注。随后，传统媒体进行进一步的新闻挖掘和深度报道。

在这个新的媒体环境中，UGC 模式为网民提供了更广泛的参与和发声机会。它突破了传统媒体对信息的控制，促进了多样化的观点和声音的呈现。传统媒体不再是唯一的信息源，而是与 UGC 共同构建了丰富多元的媒体生态系统。

二、我国现阶段媒体融合特征

(一)媒体智能化

媒体智能化是媒体发展的重要趋势，它借助传感器、机器人、算法推荐、虚拟现实等智能技术在新闻信息的采集、生产、分发和消费等环节中应用。媒体智能化的核心特征是将智能与融合相结合。有学者认为，智能媒体是媒体融合的必然产物，媒体融合的进化路径经历了在线化、数据化、平台化和智能化的逐步演进，而媒体智能化则是媒体融合发展的顶峰方式。

在这一发展过程中，全媒体和融媒体被视为媒体发展的过渡概念，而智能媒体将成为未来互联网媒体的主要形态。在第三波媒介融合的浪潮中，媒体融合的形态呈现为以智能媒介服务为主体的综合性、智慧化和融合性的"泛媒体"平台。

国内在智能化探索方面，新华社是较早采取行动的媒体之一。早在2016 年，新华社发布了《智能编辑部发展报告》，制定了加速建设智能编辑部的规划。随后，于 2017 年 12 月 26 日，新华社的智能编辑部"媒体大脑"正式上线，成为国内首个智能化媒体生产平台。该平台拥有智能化新闻生产分发、版权监测、人脸核查、智能会话、语音合成等功能。在 2018 年全国两会期间，"媒体大脑"自动生成了一系列关于两会的视频报道，展示了其智能化生产的能力。同年 6 月，"媒体大脑"推出了 2.0 版的"MAGIC"智能生产平台，在世界杯期间实时自动生成短视频新闻稿件。此外，该平台还具有开放性，向其他媒体机构提供了"媒体大脑"智能生产平台的功能与服务，为省级媒体融合的智能化发展提供了支持。

除了新华社,一些地方媒体也开始在媒体融合实践中引入智能技术。例如,四川日报报业集团建设了新闻数据可视化的"天眼"系统和"VR新闻实验室",与阿里云合作发布了新闻垂直类的知识图谱服务。此外,还与阿里云和百度共同开发了人工智能舆情服务平台,推动了智能化在媒体融合中的应用。

智能化媒体正借助大数据、云计算、物联网和人工智能等智能技术的支持,以人机协作的方式进行新闻生产和服务提供,以提高效率、增强传播效果和提升服务质量。在当前国内媒体融合发展中,智能化已经成为媒体生产运作的关键环节,涵盖了线索发现、采集写作、内容分发、效果反馈和舆情监控等各个方面。

(二)全媒体传播

全媒体是媒体融合的关键手段,也是媒体融合的显著特征。它包括全媒体矩阵的渠道基础和全程、全息、全员、全效的运作核心。全媒体矩阵以多种媒体平台如报纸、广播、电视、博客、微博、微信等为纵向组合,以时间为横向扩展,各种媒体平台在同一空间同时传播,实现信息传播的全方位、多渠道、立体化覆盖。全程意味着在传播的时间和空间把控上实现"即时"和"全时"。全媒体要求信息的传播不受时间和地域的限制,能够迅速反应和传递新闻事件,实现及时的报道和信息更新。全息表示传播载体实现了形态的全面和体验的深入。全媒体注重多种形式的信息表达,包括文字、图片、音频、视频等,以丰富多样的内容形式提供给读者,同时追求用户体验的深度和沉浸感。全员要求在传播反馈和互动上实现多元参与和多向互动。全媒体鼓励读者、观众、听众等广大受众积极参与新闻生产和传播过程,通过评论、点赞、分享等互动方式与媒体进行互动,形成更加多元化的观点和声音。全效要求媒体在传播效果上达到准确把握和平台功能全面的标准。全媒体强调传播效果的衡量和评估,通过数据分析和反馈机制不断优化传播策略,同时充分发挥各个媒体平台的功能和优势,实现综合效益的最大化。

媒体融合发展的重要支撑是全媒体矩阵,它在创新内容生产、分发渠道和媒体协同联动方面发挥着关键作用。从中央媒体到地市级媒体,媒体融合的核心目标是建立全媒体矩阵。根据人民网研究院的数据,2018年全国所有中央级报纸和省级党报都开通了网站、微博,并入驻了新闻聚合平台,同时微信公众号和自建客户端的开通比例也超过了90%。2019年,省级党报在网站、微博、微信、新闻聚合平台、自建客户端方面实现了全覆盖,其中84.8%的省级党报还入驻了抖音平台。中央级党报除抖音和自建客户端稍有差距外,在其他渠道的覆盖率也达到了100%。

全程、全息、全员、全效是当前媒体融合纵深发展的新要求和新表现。在全程媒体方面,近400家媒体通过现场云生产和云平台实现共享,缩短了信息从新闻现场到用户的传播时间,实现了零距离的信息传递。在全息媒体方面,媒体不仅在媒介形态上实现了报纸、杂志、广播、电视、网络和移动端等多种形式的全方位覆盖,还通过增强现实、虚拟现实、融合现实和数据新闻等方式为用户提供了沉浸式的信息体验。在全员媒体方面,注重吸引机构和自媒体入驻媒体平台,以确保多元化的媒体成员构成,并通过贴近群众的信息内容和吸引眼球的传播形式吸引公众参与。在全效媒体方面,国内媒体基于"新闻+"和"媒体+"的理念不断拓展功能,提升媒体的引导能力和服务能力。尽管国内媒体在建设全程、全息、全员、全效的媒体方面已经有一定的探索,但在各个方面仍然存在着巨大的提升空间。为了适应快速变化的传媒环境和满足人们对多样化信息需求的期待,媒体需要不断创新和发展,不断推动媒体融合向更高水平迈进。

(三)平台功能拓展

媒体融合在国内已经进入了深度融合的阶段,不再局限于新闻传播领域,而是开始将新闻与服务相互融合。传统媒体与新兴媒体的融合呈现出多种模式,例如"新闻+服务""新闻+政务+服务""新闻+党建+政务+服务"等,形成了一种"1+N"的发展模式,媒体从单纯的新闻提供者转变为公共服务平台。针对不同层级的媒体,有学者提出了相应的建议,认为央媒应该打造全能型旗舰媒体,省级媒体应该打造省级公共服务平台,而地方(县级)媒体则应该打造地方综合信息服务平台。

在国内媒体融合发展体系中,地方媒体成为主要的推动力量,它们凭借与地方政府和基层群众保持紧密联系的优势,为当地用户提供了一站式的公共服务。例如,湖北广电通过"长江云"项目,将政务、服务和新闻融合在一起,致力于构建一个集政务信息公开与移动政务平台、舆论引导与意识形态管理平台、社会治理和智慧民生服务平台为一体的综合平台。

除了政务服务和公共服务之外,媒体融合时代的融媒体平台在互联网商业逻辑的推动下也崭露头角。这些融媒体平台通过精准扶贫报道、农产品推介等方式,实现了内容的商业价值变现,同时也为公众提供电子商务的商业服务。举例来说,广西电视台新媒体部借助原有的电视节目《第一书记》,设立了"第一书记"自媒体频道,并建立了电子商务平台,以销售农产品,形成了一种"互联网+媒体+产业"的精准营销模式。此外,地方级媒体还通过入驻中央级媒体平台,打造了"云端扶贫矩阵",扩大了传播范围,将本地优质农产品和旅游资源带给更广泛的受众,推动农村贫困地区的精准扶贫和现代农业产业化的发展。

(四)移动场景传播

当前,媒体融合正朝着移动化发展的趋势迈进。移动化的媒体融合坚持移动优先的策略和场景化传播思维,建立以智能终端、移动应用和互联网平台为支撑的移动传播体系。

根据中国互联网络信息中心 2019 年的调查数据,我国手机网民数量已经达到了 8.47 亿,手机上网的比例高达 99.1%。用户接收信息的方式发生了变化,移动端已成为互联网用户主要获取信息的途径。在媒体融合的转型过程中,各个媒体坚持"移动优先"的策略,努力打造自身的传播平台或整合互联网平台,为不同的智能终端提供个性化、定制化的产品和服务。例如,湖北日报社在全媒体信息传播中,通过网站、客户端、微博、微信等平台全天候优先发布内容。银川市新闻传媒集团将信息发布按照不同媒介形态分层,微博、微信等新媒体作为第一层级发布平台进行 24 小时传播。

在移动设备、社交媒体、大数据、传感器和定位系统等技术推动的信息传播环境中,移动传播的思维也在不断拓展,场景化传播思维成为新的发展方向。专家彭兰认为媒体融合的移动化包括了场景化传播思维。胡正荣提出互联网发展的新阶段是以场景和个性化服务为特征的场景时代。移动场景传播根据用户所处的时空和氛围进行精准传播。当前,媒体融合的趋势是在不同场景的基础上实现信息与服务的个性化推送,从而发挥移动传播的最大效能。

媒体融合已经从行业探索上升到国家战略,并迈入智能化技术主导的媒体融合 3.0 阶段。媒体智能化、全媒体传播、平台功能拓展和移动场景传播共同构成了当前媒体融合的图景。在此基础上,媒体融合的深度和广度得到了进一步扩展,融媒体中心将承担更多的社会职能。

三、媒体融合版图的"最后一公里"——县级融媒体中心建设

2018 年 8 月 21 日,习近平总书记在全国宣传思想工作会议上提出:"要加强传播手段和话语方式创新,让党的创新理论'飞入寻常百姓家'。要扎实抓好县级融媒体中心建设,更好引导群众、服务群众。"自此,中国媒体融合进入了一个新的阶段,重心从中央媒体和省级大型传媒集团的资源整合转移到了基层媒体融合机构的建设上。

县级融媒体中心的建设成为媒体融合的新尝试,它被认为是中国媒体融合版图中的"最后一公里",也是提升传播力和传播主流意识形态的"最后一公里"。这些中心的建设旨在将媒体融合的理念和实践深入基层,实现媒体资源的优化配置和整合利用,更好地满足基层群众的信息需求和服务需求。通过建立县级融媒体中心,可以实现新闻、信息、服务等内容的集成传播,将党的创新理论和主流价值观念传递到基层,促进社会主义核心价值观的宣传和普及。

媒体融合通过县级融媒体中心的建设进行了功能延伸、资源融合和权力整合等方面的新探索。县级融媒体中心作为距离基层最近的媒体平台,不仅承担媒体服务、党建服务、政务服务、公共服务和增值服务等多种功能,而且必须针对地方实际需求提供服务,成为融媒体中心建设的重要内容。

在资源融合方面,县级融媒体中心的建设面临着人力、物力和财力等方面的严峻挑战。由于资源有限,县级融媒体中心需要在艰难的情况下发挥最大的效能。在有限的条件下,充分利用现有资源,实现最优资源的配置和整合,是县级融媒体中心建设以及整体媒体融合的新尝试。

另外,在权力整合方面,县级融媒体中心的建设不能仅依靠县级广播电视中心、县报和新媒体等媒体机构的努力,而是需要多方面权力的整合和协调。政务服务、党建服务和公共服务等功能的实现需要各方面权力的让渡和合作,才能更好地满足地方的需求。

目前,县级融媒体中心的建设进展如下:2018年全国已有600个县级融媒体中心先行落地,2019年多个省份设立了县级融媒体中心的试点单位。其中,一些优秀的示范项目如"玉门模式"和"长兴模式"等在县级融媒体中心建设中得到了广泛传播和认可。根据规划,到2020年底,县级融媒体中心将基本实现在全国的全覆盖,这将填补媒体融合版图的"最后一公里",实现更加全面和深入的媒体融合。

第三节　媒体融合的必要性

观察当前的情况,我们可以发现,在我国,以县级为单位的媒体部署并未充分发挥其应有的功能。尽管进行了多次改革,但对于逐渐僵化的县级媒体体制和机制,并未产生明显的影响。与此同时,代表主流声音和官方话语体系的县级媒体的公信力、传播力和影响力持续下滑。相反,新媒体充分调动了基层群众在网络空间中的表达热情,促进了群众参与社会生活,展现出了较强的凝聚力。

在互联网时代,如何加强主流媒体的舆论引导功能,树立清朗的网络氛围,应对虚假新闻和低俗信息的泛滥,成为一项重要任务。结合县级媒体的政策优势和新媒体技术支持,以县级媒体为核心展开融合工作,已经成为必不可少的举措。

我国媒体转型的重要方针政策之一就是媒体融合。自2014年开始推行以来,媒体融合实践充分体现了中央对于传统媒体和新兴媒体在内容、渠道、平台、经营和管理等方面进行深度融合的部署要求。我们的目标是构建一个立体多样、融合发展的现代传播体系。

媒体融合政策的要求不仅在于媒体机构要积极跟进技术发展,改善生产流程,更重要的是如何满足用户对信息服务的需求。我们需要建设具有传播力、引导力、影响力和公信力的内容载体,以增强媒体的话语权和社会影响力。

为了实现这一目标,我们需要在内容创作方面不断创新,提供高质量、有深度的信息和娱乐内容,以吸引用户的关注和参与。同时,我们需要通过多元化的渠道和平台,将内容传播到更广泛的受众群体中去。在经营和管理方面,我们要注重提升媒体机构的运营能力和管理水平,建立有效的运营模式,确保媒体的可持续发展。我们还需要加强与用户的互动和沟通,深入了解他们的需求和反馈,不断优化和调整我们的服务。通过这种方式,我们可以建立起用户和媒体之间的互信关系,提高媒体的公信力。

一、媒体融合对我国新闻传播事业具有重要战略意义

媒体融合在我国媒体转型中扮演着重要角色。2013 年 1 月,国家广播电视总局发布了《关于促进主流媒体发展网络广播电视台的意见》,明确指出推动电台和电视台发展新媒体是具有战略意义的必然趋势。为了支持这一发展,中央广播电视播出机构和一些有实力、有创意、有进取精神的地方广播电视台率先建立了网络广播电视台,提升了技术能力,加强了内容建设,并完善了运营和人才培养机制。这些政策措施为我国媒体融合发展奠定了坚实的基础。

2014 年 8 月 18 日,中央全面深化改革领导小组第四次会议通过了《关于推动传统媒体和新兴媒体融合发展的指导意见》。在会议上,习近平总书记明确提出了推动传统媒体和新兴媒体融合发展的重要指导意见。他强调要打造一批形态多样、手段先进、具有竞争力的新型主流媒体,建立几家拥有强大实力、传播力、公信力和影响力的新型媒体集团,形成立体多样、融合发展的现代传播体系。这一指导意见标志着传统媒体和新兴媒体融合发展成为国家战略,对于全面深化改革、推进宣传文化领域改革创新具有重要的指导意义。

在互联网技术迅猛发展的时代,如何增强主流媒体的传播力、引导力、

影响力和公信力,成为一个重要的问题。习近平总书记一直关注着媒体融合的发展,在不同场合提出了我国媒体融合发展的定位、方向和策略。面对互联网等新技术对媒体格局、舆论生态和受众等方面产生深远影响的现实背景,媒体融合已成为我国发展新闻传播事业、扩大主流媒体影响力、加强主流舆论的重要途径。只有通过媒体融合的实践和不断创新,我们才能更好地适应和应对时代变革,为社会提供更多样化、高质量的信息传播服务。

二、互联网发展为媒体融合提供了技术平台与管理经验

互联网作为新媒介,已经全面改变了用户获取和传播信息的方式,以及与外部的联系方式,甚至工作和生活的形式。互联网技术对社会的整合与重构已经成为现实。互联网媒介具有超文本、交互性和多媒体等显著特征,这些特征改变了传统新闻业的单向传播模式,为其带来了融合的趋势,并提供了先进的技术平台和管理经验。

互联网的发展首先在于构建技术平台,改变了传统媒体的单一传播模式。信息技术的快速发展,包括计算机技术、通信技术和网络技术,催生了网络媒体的出现。最初,网络媒体被定义为基于互联网和计算机作为媒介,传播数字化信息的新型媒体。随着技术的进步,网络媒体的形式不再局限于网站,基于智能移动设备的交互型应用程序(App)也被看作是网络媒体的一种形式。

网络媒体不仅涵盖了传统媒体的表现形式,还拓展了原有媒介只限于大众传播的类型。20 世纪 90 年代,雅虎、搜狐、新浪等门户网站兴起,使普通民众获取信息的方式不再局限于传统媒体如报纸、电视和广播。门户网站的聚合功能和即时性功能使用户更加便捷地获取信息。它们通过利用互联网的即时性和多媒体呈现特点,第一时间发布重要资讯,并整合多种媒体形式的新闻内容。同时,门户网站利用用户互动工具如网络论坛(BBS),方便网民交换意见。门户网站在我国早期互联网内容平台的建设中发挥了重要作用,其媒体属性对传统媒体行业造成了冲击,传统媒体纷纷创建网站,数字化与网络化趋势日益显现。之后,传统媒体紧随技术发展步伐,在内

容、运营和组织架构上进行调整,以应对互联网对传统媒体产业的冲击。这些经验对我国媒体融合发展至关重要。

网络媒体的出现实际上是互联网技术对传统媒体的全面整合,而这种模式在社交媒体的发展中得到进一步完善。互联网作为媒介,提供了发展平台和实践经验,重视与用户的连接和关系的建立。例如,今日头条、天天快报等互联网媒体利用人工智能、数据挖掘和算法推荐等技术,实现内容和用户的精准匹配,根据用户需求分发新闻内容,实现个性化定制。这些数据是由用户在资讯应用、社交网络等平台上浏览信息的习惯产生,并通过爬虫技术进行收集。此外,基于地理位置的服务(LBS)技术的引入使内容分发更加场景化、智能化和精准化。通过构建新媒体与用户的连接,从微信、微博到客户端和人工智能等应用,重新建立与用户的关系,成为发展新媒体的根本策略。

总的来说,互联网媒体作为新媒体,具有独有的特征和优势,对传统媒体产生了深远影响。在媒体融合的进程中,充分发挥互联网的技术平台作用,推动传统媒体转型为新媒体,与用户建立良好的关系是非常重要的。通过不断创新和整合资源,我们可以更好地适应互联网时代的需求,提供更多样化、个性化和高质量的信息服务。

三、媒体融合是传统媒体发展的必经之路

互联网的兴起不仅改变了人们获取和传播信息的方式,也对传统媒体产生了深远的影响。媒体融合成为我国传统媒体改革的热门话题,其背后既有技术内涵,也承载着市场的期望。早在1995年,我国媒体机构就开始尝试将内容数字化并通过互联网进行传播。随着互联网技术的迅速发展,传统媒体积极探索并应用新技术改革和内容生产流程重塑,逐步推动媒体产业结构深度调整和媒体融合发展。媒体融合的目标是建立现代企业组织性质的传播机构,占据市场份额并增强自身影响力。

在关于媒体融合的讨论中,学界形成了几种观点。一些学者认为,在我国媒体语境下,媒体融合的适用范围主要在于传统媒体的"新媒体化",即传统媒体的数字化延伸,指的是信息技术对传统传播方式的改造。另一些学

者对媒体融合的内容进行了分类,认为媒体融合包括工具融合、操作融合和理念融合,或者是媒介内容融合、传播渠道融合和媒介终端融合。还有学者认为,媒体融合的核心议题应该是宏观政策规制,其价值取向和目标应该与中国的现实和未来发展要求相一致。

我国的媒体融合实践呈现渐进式推进的特点,主要包括三个层次。首先是传统媒体在数字化时代的"抢滩登陆",实现内容的数字化与网络化,并扩张传播渠道的物理性搭建。其次,传统媒体通过媒体融合,在形式上实现了新旧媒体的平稳过渡,充分发挥传统媒体的资源优势和专业优势,提升在网络时代的影响力和公信力。最后,针对用户需求,建立内容共享平台和机制,将传统媒体的新闻属性转化为信息和服务属性,从而扩大传播规模和效果,最终实现整体的新媒体转型。不同媒体根据自身特点和优势,在媒体融合创新实践中形成了不同的融合模式。有的媒体侧重拓展媒体平台和重组作业流程,如人民日报社采用"中央厨房式"的内容生产流程整合;有的媒体注重资本运作和跨产业融合,如浙江日报报业集团在数字娱乐和智慧服务领域发力;还有媒体选择与同类媒体进行合作,实现跨地域融合,例如不同地区交通台的联盟。

在新媒体时代,我国的媒体机构无论以何种方式实践媒体融合发展,都面临着数字化发展所带来的巨大影响。传统媒体行业已经无法避免地被信息技术主导的数字化浪潮所席卷。媒体在功能上需要实现多元化,不再局限于传统的单一传播方式。同时,媒体的经营模式和机制也必须朝着多元化、扁平化的方向发展,以适应新媒体时代的挑战和变革。

2018年8月21日,习近平总书记在全国宣传思想工作会议上强调,"要扎实抓好县级融媒体中心建设,更好引导群众、服务群众";同年9月20日至21日,一场县级融媒体中心建设现场推进会在浙江省长兴县召开,中宣部对如何推进县级融媒体中心建设在全国范围内做出部署,要求2018年在全国范围内开始启动600个县级融媒体中心建设,到2020年年底能够基本实现全国全覆盖。之后几个月内,中宣部和国家广电总局又快马加鞭出台了多份文件,为县级融媒体中心建设保驾护航(见表2-1)。至此,县级融媒体中心建设的主要标准规范全部发布实施。这些文件和规范的制定为全国县级融媒体中心建设,提供了关键性的指导和基础性的政策保障。

表2-1 县级融媒体中心建设相关政策汇总①

时间	相关政策
2018 年 11 月	《关于加强县级融媒体中心建设的意见》在中央全面深化改革委员会第五次会议上审议通过
2019 年 1 月	中宣部和广电总局联合发布《县级融媒体中心建设规范》,同日广电总局发布《县级融媒体中心省级技术平台规范要求》
2019 年 4 月	中宣部新闻局和广电总局科技司联合发布《县级融媒体中心网络安全规范》《县级融媒体中心运行维护规范》《县级融媒体中心监测监管规范》
2019 年 5 月	中共中央办公厅、国务院办公厅印发了《数字乡村发展战略纲要》

第四节 县级融媒体中心的功能

一、以主流舆论阵地提升舆论引导力

提升基层舆论引导力,是县级融媒体中心建设的根本目标。建设主流舆论阵地,要大力整合县域媒体资源,发挥融媒体矩阵的作用,提升新闻信息宣发的时效性,牢牢把握舆论思想宣传的主阵地,保障县域意识文化形态领域安全。

(一)发挥主流舆论引导

舆论宣传主要指的是政府职能部门利用新闻媒体,围绕日常工作内容

---

① 於蓉晖.我国县级融媒体中心建设问题研究——以 A 省 8 个县(市区)为例[D].华东政法大学,2022.

推出宣传报道,拓展舆论阵地。政府职能部门和百姓的生活息息相关,政府部门主动进行舆论宣传,有利于政务工作接受群众监督,避免懒政,有利于全面从严治党理念的贯彻落实;有利于融洽政府部门和群众的关系,能够更高效地解决与群众生活密切相关的"疑难杂症";有利于提升现代治理水平,提高政府服务群众的意识,提升公职人员履职能力。传统媒体时代,新闻媒体和政府职能部门在宣传上的合作主要有两种形式,一种是日常报道,一种是特定节点的新闻策划。一个记者可以专心跑一个政府职能部门,只做这个部门的新闻,所以这个记者对该部门的情况非常了解,报道起来得心应手。但是现在记者流动性大,对服务部门了解不够;记者专业意识有所淡漠,满足于电话采访、单一采访和新闻通稿修改;记者经营压力剧增,一个记者跑几个政府职能部门,疲于奔命……这些都导致舆论宣传效果大打折扣。

进入互联网时代,移动互联正在加速推进媒体格局和舆论生态的重构。"互联网+"时代下,县级融媒体在近年来实现了飞速的跨越,新媒介的出现为社会中各个主体的发展提供了更多的机遇,其中政府职能部门便可以通过县级融媒体中心进行主流舆论引导。

县级媒体应加大媒体融合力度,推动电视台、电台、报纸、网站、"两微一端"等的深度融合发展,着力建好主流新型媒体平台。坚持"移动优先"的原则,运用新技术、新手段,倾力打造移动传播平台,加快建设移动融媒体矩阵,在内容制作、信息分发、用户服务、技术支撑、运行管理等方面协同推进智慧融媒发展,实现全媒体传播的最大化和最优化,守牢舆论宣传的主阵地。甘肃玉门市融媒体中心构建"一中心四系统+爱玉门 App",着力打造玉门区域内官方权威的主流媒体,形成新旧媒体协同作战的格局。凭借一套广播和一套高标清电视频道的制播能力,以及 5 套广播节目、15 套无线数字电视节目传输能力,让传统媒体再焕生机;整体推进"爱玉门"App、微信、微博、今日头条、抖音等,打造新型媒体集群,平台的用户数和影响力呈几何式增长,极大拓展了网络媒体的广度。北京市丰台区融媒体中心推出社区微直播,聚焦百姓生活,以文化为媒,传递正能量,把因新冠疫情关闭的新春灯会改为"网上看花灯"线上活动,仅当天网络直播和短视频就吸引 2000 多万人次观看,点赞达 40 余万,丰富了百姓的精神文化生活。

（二）唱响时代高昂旋律

突出重大理论政策解读，唱响主旋律、弘扬正能量，及时把党委政府的声音传播到千家万户，是县级融媒体中心发挥主流舆论阵地的关键所在。在新媒体时代，小小的手机屏成为人们获取信息源的大平台，也是县级媒体展示时代作为的大舞台。县级媒体应以此为撬动点，让小屏幕发挥大作用，让 App 产生大作为。湖南省长沙市望城区融媒体中心打造"云上望城"App，开辟"学'习'""治国理政"等专栏，推出"平语近人"，通过翔实的图文、视频，围绕主题、主线、主旨等，把深刻的理论、观点明朗化、条理化，让受众更加易学、易懂、易落实。在全党上下深入开展党史学习教育之际，湖南省常德市鼎城区的"鼎级传媒"App 运用新媒体传播手段，围绕"学党史、悟思想、办实事、开新局"的总体要求，本着学史明理、学史增信、学史崇德、学史力行的目的，及时开设"党史学习教育"专栏，推出网上"党史答题"，为党员干部提供研学交流互动的学习平台。当前，县级融媒体应如何更好地服务于党和政府、引导和服务群众？如何当好党委政府和人民群众的"连心桥"、做群众的"贴心人"？这些问题值得我们深入研究和探索。作为主流媒体及媒体人，要始终紧跟时代的步伐，时刻聚焦当前的重大民生，关注民众的急难愁盼，唱好"四季歌"，要让时代的主旋律、社会的正能量天天呈现在屏幕上，时时推送到手机端，真正发挥主流媒体的舆论引领作用。

二、以综合服务平台增强用户黏合力

建强综合服务平台，是满足人民日益增长的美好生活需要的迫切要求。综合服务平台建设应全面整合县域各类资源，建好用好县域群众与媒体平台联系的"用户入口"，通过拓展政务服务、公共服务和增值服务等，扩大受众群体，增强用户黏性。

（一）以突出政务服务为主

自 2018 年以来，县级融媒体中心立足于综合服务平台的定位，强势推进"媒体+政务+服务"的深化融合，用现代化信息技术打通基层治理与县域媒体的"连接经脉"，从而打造县域范围内能方便群众生活、助力政府治理的在地化平台。

随着互联网在现实生活中的使用不断深化,电子政务逐渐成了全球范围内促进政府转型的关键载体。作为先进国家的政策话语,电子政务首先于 20 世纪 90 年代中期出现在美国、英国和加拿大,这些国家在建立了网络站点的基本信息形式后,开启了更加野心勃勃的综合项目——电子政务。21 世纪初,上网工程在我国政府职能机构得到了大力推广,这是电子政务发展在我国进入快车道的阶段性标志。在如此快速的发展进程中,不可避免地存在当时社会条件无法解决的现实难题。因此为了接续稳定发展,2004 年开始,电子政务发展步入了统筹阶段。

在新的社会背景下,高速发展的信息技术推动了当代社会的信息化,而信息化的社会又进一步助推了电子化政府的发展。简而言之,一方面,在信息技术日新月异的当下,传统政务服务在服务能效以及网络架构等方面难以招架技术的更新迭代。另一方面,我国的各级政府职能机构存在重复建设政务信息系统,以及在传统的职能部门为中心的观念下各自为政、信息孤岛的双重难题。为了克服上述问题,满足人民群众日益增长的智能化信息化需求,迫切需要对传统的电子政务服务方式做出智能化的创新。2019 年1 月 15 日,中宣部和国家广电总局联合发布的《县级融媒体中心建设规范》指出,县级融媒体中心除了要"整合县级广播电视、报刊、新媒体等资源,开展媒体服务"以外,还要提供"党建服务、政务服务、公共服务、增值服务等业务",此项政策表明我国县级融媒体中心数字化政务服务平台的功能正在被强化,朝着成为"推进基层治理现代化建设整体合力"的重要部分而不断努力。

第 51 次《中国互联网发展状况统计报告》显示,截至 2022 年 12 月,我国的在线政务用户规模已达 10.67 亿,这是一个庞大的数据①。根据这样的用户发展规模,县级融媒体中心应借力使力,建强平台、聚拢用户,把业务积极拓展到各个政务部门的日常动态、公告通知、政策法规、办事电话等方面,方便群众查阅;同时,可接入本地政务大厅的业务,为用户提供户政、出入境、交通违法、公积金、纳税缴费、福利救助、婚姻收养、证件办理等业务,通过提

---

① 央广网.截至 2022 年 12 月我国网民规模达 10.67 亿[EB/OL].(2023-03-02)[2023-05-12]https://news.cnr.cn/rehang/20230302/t20230302_526169655.shtml.

供广泛周到的服务,成为群众心目中的"百事通""便民点"。如江西省分宜县集成所有媒体平台打造"画屏分宜",向下打通乡镇村传播通道,构建"分宜政务微矩阵",共有100多个活跃账号入驻,为市民提供政务服务23项,涵盖教育、医疗、就业、旅游、食品安全等各个领域,问政栏目的回复率达100%[①]。通过全方位的政务服务,实现了平台"上传下达",打通服务群众的"末梢",为民众的生产生活提供实实在在、真真切切的服务。这种政务服务不仅提升了政府在民众中的形象,而且进一步推动民众主动参与社会治理,既留住了广大用户,又提升了公众的黏性。

(二)拓展新兴业务合作

随着5G时代的到来,新机遇、新挑战催生新业态。综合服务平台建设在对象上,应该多元化,既要服务于党委政府,也要服务于群众,还要服务于企事业单位;在类别上,应提供政务、生活、促销等综合性服务,凡是当地县域内能产生的需求,都应努力设法予以满足。县级融媒体中心应将综合服务的业务进一步拓展到本地企事业单位、协会组织及各类文体旅活动,可尝试通过"媒体+直播",与县内外知名电商平台合作,开展"网上带货"业务,促销农产品、海产品、工艺品、文创产品等,增加民生服务经营性收入;运用媒体直播+主持代办等优势资源,主动参与联办各类活动,借助融媒体矩阵宣传、平台信息发布、网站托管等渠道,吸引政府、企事业单位等客户加入,实现业务创收。如福建省尤溪县融媒体中心成立朱子文化传播有限公司实施多元创收,公司引入现代企业管理制度,承接媒体广告、联办栏目和宣传项目等业务,与中国市县广播电视台"长城协作联盟"合作,打造"游视界"平台,出县跨省承接业务;依托"中国市县电视台影视研发基地"品牌,承接省内外许多宣传片、纪录片、微电影的拍摄制作业务;与本县电影公司合办3D电影院,进行实体运营,实现产业创收,增强自身的"造血"功能。这都是县级融媒体开拓新业务的有益尝试,值得推广。

---

① 李建艳.江西分宜:重构县级媒体建设与运行机制[J].中国广播电视学刊,2018(11):14-16.

三、以社区信息枢纽拓展平台影响力

社区信息枢纽是引导群众、服务群众的最前沿,也是打通基层宣传、服务群众"最后一公里"的最主要功能。县级融媒体中心应根据地域特色,充分整合县域社会资源,因地制宜,打造具有县域特色的信息"微社区",把服务真正下沉到社区、街道和农村,提供"一站式"综合服务,发挥强大的枢纽作用。

(一)延伸社区宣传触角

社区是社会治理的最基本单元。在大数据和人工智能时代、在城镇化快速发展的当下,智慧社区建设是提升社会治理水平重要途径。而县级融媒体中心作为推进基层社会治理的重要抓手,怎样参与社区治理体系的建构,又是一个亟待解决的新课题。作为基层群众获取信息、交流互动的重要平台,县级融媒体中心上接中央、省、市等主流媒体,拥有丰富的信息资源,是群众获知新闻资讯的重要渠道,在信息传播和社会动员上具有强大的力量;同时,它下连千村万户,在畅通社会民意诉求、协调社会各方利益、化解社会矛盾中发挥着极其重要的作用,对基层舆论生态、基层舆论格局产生深刻的影响。因此,县级融媒体中心在信息枢纽建设中应把地理社区与网络社区整合起来,依托网络用户积累,不断提升服务群众的水平,提高自身的运营管理能力。

浙江省长兴传媒集团在建设社区信息枢纽方面有许多典型的案例,其"掌心长兴"App开通政务网上业务200多项,为区域内群众提供电视收视费、水费、电费、燃气费缴交等多项民生服务,通过一站导引、一网通办、一端服务等实现"一站式"服务,变"最多跑一次"为"一次都不用跑"。山东泰安市岱岳区融媒体中心梳理社区的资源和需求,推出融资讯、通知、广告、活动多项功能于一体的"家门口"App,为社区开放管理后台,由社区主动上传通知资讯,融媒体中心负责编辑审核与发布,让社区居民第一时间获悉相关信息。同时,社区及商家、居民还可通过平台发布房产、招聘、推荐等各类信息,从而实现信息共享和交流互动。客观上,这些尝试与做法不仅提高了社区的数字化管理水平,也为社区的智能化建设节约不少成本。

（二）开发推广交互式应用

在社区信息枢纽功能设置上，县级融媒体中心还可增加诸如来信反馈、曝光台、好人好事、在线维权等板块，开发推广 H5、VR、AR、应用小程序等互动产品和交互式应用，在平台与用户之间产生更多的同"屏"共振，并使之成为社区居民议事发声、党政机关收集民意的重要平台，充分发挥县级融媒体在用户与党委政府之间的桥梁纽带作用。如福建厦门思明区融媒体中心开辟"快言快语"专栏，在线上与网友留言互动，为市民答疑释惑；还开发微信小程序，开设"吐槽""表扬"板块，民众可将工作、生活中遇到的事，或"吐槽"或"表扬"，在线上发布。同时，快报编辑与读者可在专栏的留言区进行公开互动，及时获取基层一线的新闻热点，也成为社区居民可以倾诉的好伙伴。有的县区还开辟"曝光台""知心驿站""社区管家"等，民众可借此反馈卫生保洁、路灯照明、社会治安等问题，推动社区、街道在第一时间介入处理和解决，获得良好的社会效益，得到民众的一片好评。

第三章
当前我国县级融媒体中心发展概况

第一节　我国县级融媒体中心的架构设计

一、县级融媒体中心的组织架构

在国家媒体融合战略和基层政权建设中,县级融媒体发挥着至关重要的基础作用。党和政府的决策部署需要通过县级新媒体平台广泛传播,而基层群众的声音也需要通过县级新媒体平台汇集起来。为此,在县级融媒体中心的建设过程中,各级党委和政府需要高度重视,明确各主要领导对县级融媒体中心建设的责任,明确具体主管机构和职责定位,建立正式的组织框架。同时,应设立正式的"番号",解决行政管理归属的问题,形成一体化的组织结构和工作体系。

通过组织架构的合理建设,县级融媒体中心能够更好地发挥其职能和作用。明确领导责任能够确保建设工作的顺利推进和高效运行。具体主管机构和职责的明确定位则能够保证各项工作的有序开展。通过设置正式的"番号",可以确立县级融媒体中心的合法地位,使其在行政管理中能够有明确的归属。形成一体化的组织结构和工作体系,能够提升县级融媒体中心的整体协调性和工作效率,更好地为党和政府的宣传思想工作和基层群众的需求提供服务。

（一）现有组织架构模式

根据前述研究成果,结合一些省市正在进行的县级融媒体中心建设实践,可以选择以下几种组织架构模式。

1. 事业单位企业化运作模式

县级融媒体中心采用企业化运作模式是传统媒体组织结构的一种解决方案。传统媒体的事业单位组织结构具有人员稳定和业务固定的优点,但缺乏有效的激励机制,人员流动性和工作主动性不足,与快速发展和多变的新媒体时代形势不相适应。因此,企业化运作模式成为解决这些问题的一种方式。

在县级融媒体中心中,人员队伍仍然采用事业编制的身份属性,以确保队伍的稳定性和工作力量的持续性。但在具体的运营管理上,采用了企业化的管理模式。这种模式注重工作效率和成本管理,强调决策的灵活性和执行的高效性。例如,浙江长兴传媒集团作为事业单位,采用了企业化运作模式。该集团的行政关系归属于县委宣传部,单位属性为事业单位。内部设立了董事会、编委会和经委会等组织,各司其职、相互配合,形成了重大决策、舆论宣传和经营创销三大系统的统一运行和协调发展的管理架构。品牌营销中心和产业发展中心负责经营管理,制定集团经营目标,与具体经营业务对接,监管业务流程的提升。网络公司、费源公司和科技公司为融媒体中心提供技术支持,并通过承接信息化项目实现收入。

事业单位企业化运作模式在传统媒体中得到广泛应用,一些县级融媒体中心也采取这种模式。这种模式操作简便、易于掌握,因此受到了广大县级媒体中心的欢迎。

2. "公益类事业单位+文化传媒公司"模式

目前,我国的事业单位可以分为两大类。一类是公益性质的事业单位,其主要特点是采用固定制的薪酬体系,参照公务员管理,被称为公益一类事业单位。另一类是带有经营职能的事业单位,其主要特点是采用绩效工资制的薪酬体系,参照企业模式管理,被称为公益二类事业单位。

一些县级融媒体中心采用了"公益类事业单位+文化传媒公司"的模式。这主要是因为县级融媒体中心承接了传统媒体,特别是广电部门的人员和编制。原有的广电部门属于公益类事业单位,其工作人员大多倾向于延续以前的管理机制和模式。然而,新机构的建设需要引入新鲜血液,尤其是需要增加新的技术人员。由于机构设立的限制或者考虑到设立灵活机动的薪酬机制更有利于吸引和留住人才,因此选择了设立文化传媒公司的组织架构,以满足新机构的要求。

采用"公益类事业单位+文化传媒公司"的模式兼顾了稳定性和灵活性,考虑了历史延续和未来发展两个方面。因此,在许多地方建设县级融媒体中心时采纳了这种模式。例如,江西省分宜县融媒体中心是由县内七家媒体整合而成的。它升格为县委直属正科级全额拨款的公益类事业单位,归口县委宣传部管理;同时,成立了独立核算、自主经营、自负盈亏的融美文化传媒有限公司,负责接收新招人员和经营收入。这样做真正实现了"专业人员做专业事",为解决人员编制、薪酬分配、绩效考核等延伸问题提供了基础。

3."机关+事业"混合管理模式

在一些地方,采取了"机关+事业"混合管理模式来建设县级融媒体中心,虽然这种模式比较少见,但也有其合理性和原因。

随着中央网信办的成立,根据中央的要求,积极推动各省市成立网信机构,并鼓励设立县级网信机构。一些省在推行过程中采取了较大的力度,直接要求网信机构延伸到县级,例如江西省、吉林省等地。许多县级机构在设立了网信办之后,承接了网络宣传、网上舆情和网络媒体建设等工作,而县级广电部门则继续负责管理广电事业单位。当县级党政部门决定成立县级融媒体中心时,为了落实中央和省市的要求,将传统媒体和新媒体的机构和人员进行整合,并考虑到互联网新媒体的属性和特点。于是,一些县选择将网信办机关和广电事业单位整合在一起,形成了一个混合管理模式的县级融媒体中心。例如,吉林省农安县融媒体中心的建设由县委宣传部牵头,依托县广播电视台展开。融媒体中心的主任兼任宣传部副部长和网信办主任,实现机关和事业联署办公,充分整合了电视台和网信办的人才、信息和技术资源。这种"机关+事业"混合管理模式在县级融媒体中心中得到应用,旨在实现资源的整合和高效运作。

（二）坚持问题导向,选择组织架构模式

解决问题才是最重要的,而不是纠结于模式的选择。综合考虑,县级融媒体中心的组织架构必须解决三个核心问题。首先是管理体制问题,选择合适的管理体制机制对于县级融媒体中心的建设成效和活力至关重要。其次是组织机构性质问题,根据各县的具体情况,可以选择事业单位机制、公司制或混合组织机制。最后是人员薪酬体系问题,对技术人才应该根据市场情况提供具有竞争力的薪酬,对于内容建设人才则应根据机构编制和能力设定适当的工资制度。

具体的组织架构选择需要考虑各县的经济实力、人才储备、机构改革等多个因素。然而,无论采取何种组织架构,都应实现三个目标。首先,融媒体中心应具备高效的运行效率,符合新媒体发展规律,能够承担起县级舆论主阵地的职能。其次,融媒体中心应具有较强的吸引力,能够有效地服务和引导当地群众,发挥重要作用。最后,融媒体中心应能够留住人才,保持持续稳定的运营和创新发展活力。因此,在建设县级融媒体中心时,应以解决问题和实现这三个目标为导向,灵活选择适合本地实际情况的组织架构,以确保县级融媒体中心的成功运营和对基层的积极影响。

二、县级融媒体中心的技术架构

从传统媒体与新兴媒体融合发展的历程及当前一些县级融媒体中心的建设成果来看,技术架构问题是底层问题,也是最难解决的问题。传统媒体主管主办的新媒体平台与商业网络平台之间最大的差距是技术水平的差距。2019年1月25日,中共中央政治局就全媒体时代和媒体融合发展举行第十二次集体学习,习近平总书记在发表的重要讲话中明确指出,"党报、党刊、党台、党网等主流媒体必须紧跟时代,大胆运用新技术、新机制、新模式,加快融合发展步伐,实现宣传效果的最大化和最优化"。此外,习近平总书记在2013年中共十八届三中全会、2015年视察解放军报社、2016年党的新闻舆论工作座谈会、2016年网络安全和信息化工作座谈会等多个重要会议场合,都对主流媒体的新技术应用做过专门的强调和指示,可以说,习近平总书记对要求主流媒体充分运用技术十分重视。

"明者因时而变,知者随事而制。"信息技术是推动媒体融合发展的主要力量,也是传统媒体必须弥补的短板。传统媒体在新媒体技术方面常常表现出不足。对于县级融媒体中心而言,技术实力和人才储备有限,依靠自身力量进行技术创新或构建技术框架几乎是不可能的。因此,最现实的方法是建立适合自身的技术架构,选择最佳的技术路线。所谓最佳,并非指最先进的技术,而是最适合县级融媒体中心的条件和情况的技术。在技术建设和内容建设之间要保持良好的匹配。只有这样,县级融媒体中心才能更好地发展和提供服务。

(一)现有技术架构模式

一个高效的技术架构对于县级融媒体中心的建设至关重要,它是推动媒体融合发展的重要动力和支撑。技术架构主要涉及两个方面。

首先是软件方面,如果县级融媒体中心没有统一的工作平台和操作标准,就会难以形成全局观,无法对工作进行统筹管理。此外,缺乏统一的软件系统也可能导致流程混乱和效率低下,使媒体融合只停留在表面。通常情况下,县级媒体中心很难自主开发软件系统,也没有必要自行研发,可以通过外包合作或与第三方公司合作,租用或改进现有的系统。在发展过程中,应借鉴先进技术标准的研究和制定,既不能限制有利于业务发展的新技术的应用,也不能让大数据和智能技术滥用、背离初衷。

其次是硬件方面,这需要长期的技术储备。目前,各县的云平台大多是由省级主流媒体承建的,但省级媒体只是云的所有者或使用权人,云的硬件技术并非自主生产,而是建立在阿里巴巴、华为等互联网公司的云技术架构之上。各省主流媒体并不拥有这些基础技术。

在软件方面,省级主流媒体的技术团队可以根据自身需求进行一些开发和升级,但核心软件技术仍然需要依赖大型互联网公司或技术开发公司的支持。因此,县级融媒体中心应该与互联网公司合作,共同构建适合自身需求的技术架构,确保软硬件的协同运作,以提高工作效率和信息处理能力。

目前来看,技术架构建设模式主要有以下四种。

1."自主建楼",联合第三方技术公司开发独立运行的技术平台

"自主建楼",联合第三方技术公司开发独立运行的技术平台是一种技

术架构模式。这种模式适用于具备充足资金支持和较大规模的地区,其技术支出能够带来高性价比和稳定回报。举例来说,浙江长兴传媒集团采用了这种模式构建技术基础设施。首先,与索贝科技等第三方公司合作共建了融媒体系统"融媒眼",索贝科技搭建了基础系统,新华社现场云提供直播平台,南京大汉研发了"掌心长兴"移动客户端的3.0版本,慧源公司推进了智慧服务功能的建设。其次,基于技术平台实现了媒介性质和工作场景的无缝衔接。最后,通过技术支持一线工作,通过技术优化实现内容呈现的多样化,包括可读到可视、静态到动态、一维到多维的多媒体化展示。县级融媒体中心独立建设技术架构需要在云、网、端三个层面进行搭建(见图3-1),以满足融媒体中心的业务需求。

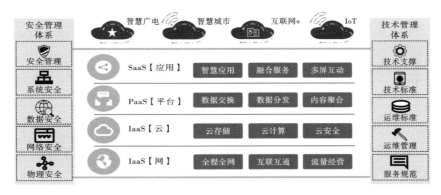

图3-1　县级融媒体中心"云-网-端"一体化技术体系①

2."借梯上楼",充分借助第三方技术架构和平台

在中宣部与国家广播电视总局联会发布的《县级融媒体中心建设规范》中提到,"县级融媒体中心应充分利用省级技术平台提供的资源和服务",要"借梯上楼"。当前,不少省级主流媒体都在为省内县级融媒体中心建设提供技术支持,助力县级融媒体中心建设(见表3-1)。

---

① 谢新洲,等.县级融媒体中心建设理论与实践[M].北京:电子工业出版社,2019:
84.

表 3-1   部分融媒体技术云平台情况①

媒体/机构	云平台名称	时间
人民日报社	全国党媒公共平台	2017 年 8 月
新华社	现场云	2017 年 2 月
浙江日报报业集团	天目云	2018 年 5 月
南方报业传媒集团	基础架构云	2018 年 8 月
江西日报传媒集团	赣鄱云	2016 年 10 月
湖南日报报业集团	新湖南云	2017 年 6 月
河南日报报业集团	大河云	2017 年 6 月
广西日报报业集团	广西云	2017 年 2 月
贵州日报报业集团	贵州媒体云	2017 年 7 月
四川日报报业集团	四川云	2018 年 7 月
湖北广播电视台	长江云	2016 年 9 月
北方网新媒体集团	津云	2017 年 3 月
山西省委宣传部	黄河云	2017 年 5 月

（1）"长江云"平台的技术架构。长江云移动政务新媒体平台是在湖北广电云平台基础上构建的。它倡导市（州）、县（市）媒体与省级媒体技术、信息服务平台融合,实现了省、市、县三级媒体信息资源的全覆盖,通过"借梯上楼"模式推动媒体融合发展。目前,该平台已集合了近 120 个地市级媒体端口,采用"前台独立、后台共享、可管可控、互助互利"的资源共享模式进行运营。通过建立"平台-端口"关系,取代了传统的"上下级"关系,实现了省级主流媒体集团与县级融媒体中心的合作共赢。通过这种模式,县级融媒体中心既可以与省级平台共享内容,又能够在本地扎根。同时,通过"新闻+政务+服务"的模式,县级融媒体中心能够增强本地用户的黏性,实现多元化经营。长江云的模式避免了不同层级媒体重复建设所带来的资源浪费问题,降低了试错成本,有效推动了媒体融合的进程。

---

①   谢新洲,等.县级融媒体中心建设理论与实践[M].北京:电子工业出版社,2019:84.

（2）江西省分宜县融媒体中心的技术架构。对于县域媒体来说，建立独立的互联网运营平台需要大量的用户、技术和资源支持，而这些资源在大多数县域尚不具备。因此，一个可行的替代方案是将技术和运营平台与省级主流媒体集团的架构结合起来，将县级媒体作为省级新型媒体平台的一个运营端口。江西省分宜县采取的技术架构正是这样的。他们依托于江西日报社的"赣鄱云"平台提供的技术支持，其中包括指挥中心、智慧云平台软件、独立客户端以及移动采编系统。通过与省级主流媒体集团的合作，县级媒体能够共享技术资源，借助先进的技术平台提升运营能力，从而有效地开展工作。这种技术架构的选择能够充分利用现有资源，实现县域媒体的快速发展和媒体融合的推进。

（3）媒体云的升级扩容。在媒体融合发展的进程中，中央和各省区市的传统媒体已经建立起了融媒体技术平台，满足了自身的应用需求。现在的重点是如何将这样的技术平台与县级媒体和企事业单位的媒体宣传部门共享。根据对一些主流媒体的调研和了解，中央和省级党媒正在逐步扩展其融媒体技术平台的功能和技术服务能力，吸引各地的媒体、党政机关和企事业单位使用，承担媒体融合公共服务的功能。有些媒体甚至在融媒体技术平台规划初期就直接采用了媒体云的建设方式。

经过几年的建设，全国各省级媒体融合云平台的技术框架已逐步完善，形成了能够承载自身业务并对外扩展的融合媒体内容生产业务体系。在不同规模的硬件基础设施上，根据各自的发展目标和区域定位，各地探索并完善了媒体平台服务的能力建设阶段，丰富了多样化的软件服务，以满足融合生产、内容管理和资源运营的需求。同时，各地已经建立了经验丰富的技术运维保障团队，具备了与规模和应用相匹配的安全防护能力，有效地推动了省级媒体融合业务的发展。省级平台负责统筹全省的战略规划和架构设计，基于省级平台的建设成果和媒体融合实践经验，协助各县在统一的框架下建设统一的技术架构，接入省级平台的统一标准接口，共同打造一个"全省一体"的媒体融合协作体。省级平台作为全省县级融媒体中心建设的支点，为各级融媒体中心提供技术支持和公共服务，提供通用平台能力，包括统一的网络接入和安全防护体系、统一的业务监控和运维保障体系、统一的内容分发和业务运营体系,以及统一的认证、单点登录、语音识别、人脸识别、字幕识别、大数据分析等平台即服务能力。通过持续的技术升级和更新迭代,省级平台将不断提升安全能力、服务能力、运维能力和运营能力,引领全省媒体融合协作体的建设和发展。

为给读者一个比较直观的认识,我们选用华为公司在参与部分县级融媒体中心建设中的技术架构图(见图3-2和图3-3),供参考借鉴。

省级技术支撑平台的构建包含三个层次:基础设施即服务(IaaS)、平台即服务(PaaS)和软件即服务(SaaS)。由于不同省份的现状和差异,省级支撑平台可能由省级报业集团、省广播电视台、省广电网络公司等省级主流媒体来建设。不同的建设主体会侧重不同的方面,因此平台的技术架构也会有所差异。以省广播电视台为例,我们可以简要描述省级技术支撑平台的技术架构。

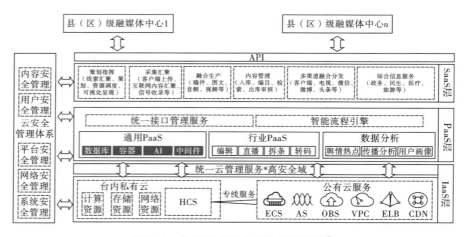

图3-2　省级技术平台的技术架构图①

① 谢新洲,等.县级融媒体中心建设理论与实践[M].北京:电子工业出版社,2019:87.

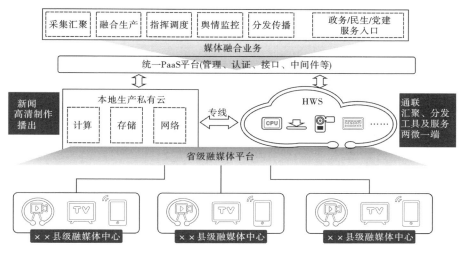

图 3-3　县级融媒体中心及省级技术支撑平台总体架构①

　　考虑到电视台的业务特点,融媒体省级支撑平台通常对整体业务上的公有云持保留态度。因此,采用混合云架构是比较合适的设计方案。混合云的部署可以在基础设施即服务层进行,通过混合云管理平台统一管理和整合私有云和公有云的底层资源。这种混合云架构对于省级平台的管理者来说具有较高的主动性,因为所有具体内容生产业务都在自己的掌控下进行,只是基础设施层使用了公有云的资源。

　　为了满足融媒体发展的需求,PaaS 平台在省级技术支撑平台中具有重要地位。PaaS 平台包含通用 PaaS 平台、行业 PaaS 平台和数据分析服务平台。在通用 PaaS 平台中,需要强调人工智能(AI)的基础能力。由于省级平台汇聚了各区县的融媒体内容、互联网内容和用户生成内容(UGC),传统的人工审核已无法满足内容监管和审核的要求。因此,需要借助 AI 的能力,特别是以服务化的形式提供给各县级融媒体中心,以满足内容监管的需求。

　　SaaS 平台在省级技术支撑平台中的建设是为了构建融合生产平台,创造适应融媒体生产的策划、采编和发布网络,并重新设计策划、采编和发布

　　①　谢新洲,等.县级融媒体中心建设理论与实践[M].北京:电子工业出版社,2019:88.

流程,实现策划和采编的联动。同时,SaaS 平台还需要将业务应用和工具服务化,并提供与政务、民生和党建相关的接口能力,以满足各县级融媒体中心的各项业务需求。

省级技术支撑平台需要为县级融媒体中心提供云端服务支持、基础资源支持和内容监管支持。整体架构如图 3-3 所示。为了更好地满足需求,省级平台最好采用混合云的方式构建,其中公有云用于承载汇聚、分发、工具集和新媒体矩阵等业务。利用公有云的广泛节点能力和内容分发网络(CDN)能力,可以有效支持县级融媒体中心的业务需求。

县级融媒体中心的技术架构(见图 3-4)包括采集和汇聚、生产协同、内容管理、综合服务、策划指挥、数据分析、内容审核、融合发布、信息安全系统和运行监控系统等部分。在建设过程中,可以优先利用省级技术支撑平台的资源,并根据实际情况进行部署。对于已经建设完成的系统,如有需要,也可以逐步与省级技术平台进行对接。这样可以充分利用省级技术平台的支持,提高县级融媒体中心的技术能力和服务水平。

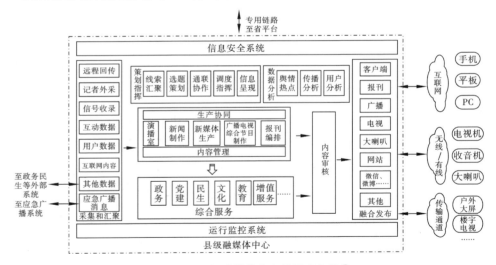

图 3-4　县级融媒体中心的技术架构①

---

① 中共中央宣传部,国家广播电视总局.县级融媒体中心建设规范[EB/OL].(2019-01-05)[2023-05-21] http://www.nrta.gov.cn/module/download/downfile.jsp?classid=0&filename=e961041c73e44644a757b3effe57b050.pdf.

3."自建+借用"梯子,围绕传播要素构建技术平台

以"自建+借用"的方式构建技术平台,是一种类似于"以租代建"的技术架构模式,适用于资金有限但需要快速建设的地方县区。以吉林省农安县融媒体中心为例,该中心采取了以下策略。首先,由新华移动传媒公司提供软件技术支持,通过技术驱动的方式重塑了"采、编、发"的智能一体化业务流程。其次,由网信办的网络运维科提供硬件技术支持。同时,与省级网络电视台的融媒体系统进行技术对接,共同构建了农安县融媒体中心的技术架构。这种模式实现了线上指挥平台与线下队伍建设的互联互通,推动了领导体系、工作平台和传播平台的一体化建设。通过有效整合资源,助力了媒体融合发展的进程。

4."自选"梯子,由省级平台提供菜单式技术方案

全国范围内县级融媒体中心的建设正在加快推进,政府投入不断增加,相关技术投入也相应增大。建成后,需要持续投入后续维护费用,这将形成一个相当规模的技术建设市场。在这个新兴的市场中,一些中央媒体和省级媒体积极参与,承接县级融媒体中心的技术建设项目。为了适应这种情况,一些省市的县区采取了自主选择技术建设供应商的模式。例如,贵州省的县级融媒体中心就采用了这种模式,允许各县自主选择与省级媒体合作,并由各县自行考察和决定。贵州省选择了贵州广播电视台、贵州日报报业集团、当代贵州杂志社、多彩贵州网这四家省级媒体作为牵头单位,推进县级融媒体中心的建设。这种做法在地方上具有一定代表性,它的好处是支持创新和竞争,鼓励各家分享媒体融合发展经验,帮助搭建县级融媒体中心的技术架构。然而,不足之处在于省级媒体的技术实力本来就不强,力量分散后对州县融媒体中心建设的支撑力度较为薄弱。目前,贵州日报社、多彩贵州网和贵州广播电视台已经探索并建立了相对成熟的技术架构和平台。

(1)贵州日报社致力于打造技术建设"样板间"。贵州日报社为安顺市七个区(县)级的融媒体中心提供菜单式技术方案,包括系统研发技术、中央厨房运行模式及技术平台运营维护等相关内容,与安顺市共建融媒体中心。

(2)多彩贵州网以"多彩贵州宣传文化云"推进技术建设。贵州省的县级融媒体中心在技术建设方面选择了多彩贵州网自主研发的技术平台——

"多彩贵州宣传文化云"。这个平台拥有强大的技术团队支持。通过依托"多彩贵州宣传文化云"提供的云应用服务，县级融媒体中心可以实现集约化建设，无须再额外建设平台，也不需要增加技术和人员成本。同时，该云平台还能根据不同地方的特色需求进行定制化服务，通过技术手段实现与本地的紧密结合。

在贵州省的黔西州、六盘水等地区，县级融媒体中心与多彩贵州网签约，采用其技术建设系统。这种合作模式充分利用了多彩贵州网的技术优势和经验，为县级融媒体中心的建设提供了有力的支持。通过与多彩贵州网合作，县级融媒体中心可以快速搭建起技术平台，高效运行，并且能够根据当地的需求提供个性化的服务。这种合作方式为县级融媒体中心节约了时间和成本，加快了建设进程，为媒体融合发展提供了坚实的基础。

（3）以多彩贵州"广电云"为技术平台。为推动互联网、大数据、云计算、人工智能等信息技术与广播电视的优化整合，贵州省扎实推进"广电云"村村通、户户用工程，打造全媒体全功能服务。中广投广电云规划专家、资深电信专家席利宝认为，广电网络具有基层乡村覆盖面广、成本低、容量大、安全性好、稳定性强等优势和特点，非常适合作为县域融媒体中心建设的电信基础设施，有利于在县域基层实现提速降费目标，有利于基层群众得到更好的互联网使用体验，有利于消除城乡数字鸿沟，让互联网造福人民群众。2018 年 8 月，国家广播电视总局批复同意设立中国（贵州）智慧广电综合试验区，全力推动贵州广播电视与新兴信息技术的有机融合，形成"智慧广电"发展的新模式，为"智慧广电"贡献贵州力量。

（二）现有技术架构存在的问题

从全国范围来看，各地县级融媒体中心建设采取了不同的技术建设路线，但它们都追求整合各种技术资源，包括计算、存储、网络、数据和服务等，以实现媒体内容资源的互通和融合。然而，在具体实施过程中，有几个现象值得我们关注和思考。

1. 技术路线选择不够开放，存在一定的内部封闭现象

从各种技术路线来看，传统媒体试图利用自身转型后积累的技术影响和主导县级融媒体的建设路径。然而，传统媒体的转型时间相对较短，技术水平处于初级阶段,与商业新媒体公司相比,技术实力存在较大差距,难以单独承担县级融媒体技术架构的搭建工作,仍然需要专业的信息技术公司提供支持。

很多省区市将县级融媒体中心建设作为自己辖区的重点项目,希望通过省级主流媒体来主导县级融媒体中心的技术架构,并在技术架构上主导内容建设。例如,许多省级主流媒体都建立了自己的云平台,并要求县将技术架构部署在其云平台上。然而,一些省级主流媒体自身在向新型媒体转型方面也存在技术实力和技术储备不足的问题。面对县级融媒体中心建设中出现的各种技术问题,它们很难及时有效解决,这影响了县级融媒体中心的建设和运营,实际效果也大打折扣。

因此,为了确保县级融媒体中心的顺利建设,需要充分认识传统媒体在技术方面的限制,积极寻求专业的信息技术公司的支持和合作。这样可以充分发挥专业技术公司在技术架构搭建、问题解决等方面的优势,推动县级融媒体中心的稳步发展。同时,省级主流媒体也应该借鉴技术实力较强的商业新媒体公司的经验,不断提升自身技术实力,以更好地支持县级融媒体中心的建设和发展。

2. 一定程度上存在新闻内容建设绑架技术建设的现象

县级融媒体中心的整体功能设计和使用受到了严重限制,这给先进技术的应用带来了困难,也埋下了潜在的隐患。以广电系统为例,它在县域基层相对完善,相关县级媒体机构也比较齐全,因此在县级融媒体中心建设过程中,广电系统的主导意识相对较强。然而,传统的广电技术主要擅长有线电视技术,与当前县域基层迫切需要的无线通信技术相差较大。此外,广电技术在软件方面的成熟度不高,缺乏高水平的分发传播和数据分析应用技术,无法满足构建现代传播体系的需求。

3. 存在重软件轻硬件的问题

在技术架构的建设中,软件技术和硬件技术是两个重要方面,然而在实际建设中,往往过于关注软件技术的建设和更新,而对硬件技术的重视程度则相对不足,这导致了运行效率的下降。这种情况涉及一个关键问题,即一些县级融媒体中心在技术建设中过于追求快速成果,希望能立即投入使用并看到效果。然而,优秀的技术建设需要一定的开发和培育时间,需要根据当地的特点、产品需求和用户需求进行详细的技术规划。急于求成的思维方式最终会损害县级融媒体中心技术建设的整体效果和作用。

硬件技术的开发和成熟需要较长的时间,但一旦投入使用,可以支持不断更新和升级的软件技术。因此,在县级融媒体中心的技术建设中,应该给予硬件技术足够的重视和时间。通过合理规划和投资,确保硬件设施的稳定性和可扩展性,为软件技术的发展提供可靠的基础。同时,也需要注意硬件与软件的协同配合,确保二者之间的兼容性和互补性,以实现县级融媒体中心的高效运行和持续发展。只有在软硬件技术的有机结合下,县级融媒体中心才能发挥其最大的潜力,为地方媒体发展和媒体融合做出积极贡献。

(三)技术架构的选择与优化

总的来说,技术路线选择是县级融媒体中心的首要问题。各县市在选择技术路线过程中需要综合考虑多种因素,至少有四个方面的因素是需要认真考虑的。

1. 技术建设投入产出比

全国共有2800多个基层县级单位,这些县级单位在人口数量和经济实力方面存在较大差异。对于资金相对不充裕的县级单位来说,采取站在巨人肩膀上的"借梯上楼"模式是一种经济实用的选择。这意味着县级单位可以借助已有的技术平台和资源,以较低的成本进行建设。

相反地,对于经济实力较强的县级单位来说,可以选择"自主建楼"的方式,即搭建独立的技术架构。这种方式需要较大的资金投入,但也能够实现更加独立、灵活的技术平台。

2. 技术内容建设同步开展

针对县级融媒体中心的技术架构和内容架构建设,很多县市都希望采取一揽子解决方案。然而,这种方式没有充分考虑到技术架构和内容架构之间的差异。实际上,同步建设并不意味着将技术建设和内容建设都交给同一家公司或机构来完成,而是应该将各自擅长的领域交给最适合的专业人士来负责。

在技术架构方面,应该将其交给擅长技术建设与开发的公司或机构来完成。这些公司或机构具有丰富的技术经验和专业知识,能够提供符合县级融媒体中心需求的创新技术解决方案。他们能够设计和搭建稳定可靠的技术平台,保证系统的安全性和性能优化。

而在内容架构方面,则需要考虑媒体业务的特点和县级融媒体中心的定位。这可能涉及媒体内容的策划、采编、发布等方面,需要专业的媒体机构或相关部门来负责。他们具备丰富的媒体经验和创作能力,能够根据县级融媒体中心的需求,提供高质量、多样化的内容服务。

因此,对于县级融媒体中心的建设,应该注重专业分工,将技术架构和内容架构分别交给擅长的专业机构来完成。这样可以确保技术建设和内容建设都得到专业的支持和保障,从而实现县级融媒体中心的优质发展。

3. 技术建设需要考虑硬件与软件两个方面和供需两端

在县级融媒体中心的建设中,好的硬件技术和软件技术都起着重要的作用。好的硬件技术可以提供模块化的解决方案,从而弥补县级融媒体中心工作人员技术水平不高的短板。这种模块化的设计使得硬件设备易于安装和使用,降低了技术门槛,使得工作人员能够更轻松地操作和管理设备。

同时,好的软件技术也至关重要,它可以充分发挥硬件设备的优势。通过优化软件的设计和功能,可以提供更高效、更稳定的信息服务。好的软件技术能够为用户提供用户友好的界面和操作方式,使得基层群众能够轻松上手,即使是文化教育水平差异较大的农村人口和老年人也能够方便地使用。简便易操作成为基本要素,以满足用户需求并提供优质的服务体验。

在供需两端的考虑中,需要充分了解县级融媒体中心的用户特点。由于用户大部分是基层群众,其文化教育水平存在差异,因此在技术建设中应该注重简便易操作的原则。这包括提供清晰直观的用户界面、简化操作流程、易于理解的功能说明等。通过这些措施,可以更好地满足用户的需求,让他们能够轻松地获取所需的信息服务。

好的硬件技术和软件技术在县级融媒体中心的建设中起着互补的作用。硬件技术提供模块化解决方案,弥补工作人员技术水平不足;而软件技术则优化用户体验,提供简便易操作的服务。在供需两端的考虑中,应充分了解用户特点,注重简化操作流程,以满足用户需求,促进县级融媒体中心的发展和服务水平的提升。

4.保持技术建设的长期性

随着互联网和信息技术的快速发展,我们必须意识到技术建设不可能一劳永逸。新技术的涌现和更新迭代是不可避免的,因此在县级融媒体中心的建设中,我们需要时刻跟进技术的变化,并做出及时的改进和更新。

新兴技术对县级融媒体中心的整体建设具有重要的驱动作用。这些新技术可以为县级融媒体中心带来更高效、更智能的解决方案,提升工作效率和服务质量。例如,人工智能、大数据、云计算等新兴技术可以用于数据分析、内容推荐、智能化运营等方面,为县级融媒体中心提供更精准的信息服务。

同时,新兴技术的应用也需要与县级融媒体中心的具体需求相结合。我们不能盲目追求技术的潮流,而忽视了县级融媒体中心的实际情况和发展目标。因此,在技术建设中,需要根据县级融媒体中心的需求和特点,选择适合的新兴技术,并将其融入整体建设中。

要实现充分发挥新兴技术的驱动作用,县级融媒体中心需要建立灵活的技术更新机制。这包括定期评估现有技术的效果和可行性,关注新技术的研发和应用动态,并及时进行技术更新和改进。同时,还需要加强与技术供应商、行业专家等的合作与交流,共同探索适用于县级融媒体中心的新技术解决方案。

总之,互联网和信息技术的快速发展为县级融媒体中心带来了许多机遇和挑战。在技术建设中,我们要认识到一劳永逸的想法是不现实的,需要积极跟进技术的变化,充分发挥新兴技术的驱动作用,不断改进和更新,以推动县级融媒体中心的创新发展。

三、县级融媒体中心的内容架构

在互联网时代,内容仍然是至关重要的。对于县级融媒体中心的架构设计而言,组织架构和技术架构都是为内容架构服务的基础。要坚持正确的政治方向、舆论导向和价值取向,将社会效益放在首位,县级融媒体中心需要在内容建设上打破机制的限制,统一规划融媒体工作流程。

在统一指挥调度下,各类平台应打破传统的工作壁垒,摒弃传统的生产和传播模式,重新设计新闻生产流程,推动传统媒体和新兴媒体相互衔接,实现各种新闻要素的深度融合、各种报道资源的共享以及各种媒体之间的互联互通。根据不同新闻产品的目标受众特征,向各平台分发和推送信息,实现一次采写、多次编辑、多平台运用。

同时,各平台还需要实现信息的双向流动,增强与用户的互动功能。通过互动来服务用户、转化用户、留住用户。总之,县级融媒体中心的内容建设需要全面把握生产、分发和互动这三个环节。在具体的运营过程中,这三个环节之间没有明确的分界线,而是相互交织、相互融合的。只有通过紧密的互动与协作,县级融媒体中心才能实现内容的高质量生产、广泛分发以及与用户的深度互动,从而达到更好的传播效果和用户满意度。

(一)构建内容生产与分发架构

县级融媒体中心的内容建设必须同时考虑内容的生产和分发这两个基本功能。对传统媒体来说,内容的生产和分发通常是分开的。记者和编辑负责内容的生产,而报纸、广播和电视有各自的固定分发模式和渠道。然而,在互联网技术和网络新媒体的影响下,这种模式发生了变化,内容的生产和分发几乎是同步进行的。

一些传统媒体,如人民日报社,为了适应互联网时代的内容建设需求,对传统的生产和发行模式进行了改革和创新。他们建立了云平台,构建了一个类似于"中央厨房"的机制,实现全媒体全业务的互通和互联,发挥指挥调度、编发联动、协调沟通、可管可控等功能。类似的改革和内容建设架构也在新华社、中央电视台等中央主流媒体以及地方主流媒体中得到应用。

然而,需要注意的是,县级融媒体中心作为地方性的版本,与中央媒体存在一些不同之处,因此不能盲目照搬"中央厨房"的模式。必须做出一些调整,以避免脱离实际、不适应地方特色、难以取得实际效果。县域融媒体建设需要根据当地的情况做出明智的决策和改革措施,充分考虑地方特色和需求,以确保建设的实效性和适应性。

1.定位不同

县级融媒体与中央媒体在定位和职责上存在明显差异。中央媒体主要致力于新闻舆论宣传,其职责在于报道国家重要新闻、宣传党和政府的决策部署以及引导公众舆论。而县级融媒体的定位则包含引导和服务两大功能。

县级融媒体除了承担舆论引导的任务外,还需要直接服务基层群众,满足他们的信息需求,解决他们的实际问题。因此,在内容架构上存在显著差异。中央媒体的重点在于新闻宣传报道,其内容主要涉及国家政策、重大事件、社会动态等。而县级融媒体需要在舆论引导的基础上,增加直接面向基层群众的任务,提供更多元、更多样、更多彩的信息内容。

县级融媒体的内容架构需要综合考虑各种信息来源,如政府发布的公告、基层社情民意、社交媒体上的热点话题等。同时,还要注重挖掘本地区的特色资源,推出具有地域特色和民生关切的内容,以满足基层群众的需求和利益。这种多元化的内容架构可以更好地引导和满足基层群众的需求,推动地方发展和社会进步。通过提供服务、解决问题、传递信息,县级融媒体能够更好地服务于基层群众,为他们的生活提供有价值的支持和帮助。

2. 对象不同

中央媒体和县级融媒体的对象存在明显的差异。中央媒体的对象是全国人民,具有统一性和全局性的特点。其报道内容广泛涵盖国家层面的政治、经济、社会等各个领域。而县级融媒体的对象主要是当地的基层群众,具有地域性、本土化和乡村化的特征。

县级融媒体需要更加贴近当地实际,关注基层群众的需求和关切。在信息内容上,县级融媒体需要提供与当地密切相关的新闻、资讯、服务等内容。这包括当地的政策法规、社区动态、民生服务、农村发展、文化活动等方面的报道。同时,县级融媒体在语言、文字、图片、视频等风格上也需要与当地结合得更加紧密,使基层群众能够更容易理解、接受和参与其中。

通过地域性、本土化和乡村化的气息,县级融媒体能够建立起与基层群众的情感联系和共鸣。它能够成为基层群众获取信息、了解政策、参与社会事务的重要渠道。县级融媒体的内容风格和形式的紧密结合,能够更好地传递当地的声音、传统文化和乡土特色,增强当地群众的认同感和归属感。

县级融媒体需要将当地的实际情况作为出发点和落脚点,提供与基层群众紧密相关的信息内容,满足他们的需求和利益。通过与当地的紧密结合,县级融媒体能够更好地服务于基层群众,推动地方发展和社会进步。

3.基础不同

县级融媒体和中央媒体在基础方面存在明显差异。中央媒体拥有较强的资源和人才实力,具备丰富的资金支持和高水平的人才队伍。相比之下,县级融媒体在资金、人才等方面相对欠缺,内容生产创造能力存在较大差距。因此,县级融媒体在应用"中央厨房"模式时面临一定的困难和挑战。

为了克服这些困难,县级融媒体需要立足于本地实际,创新内容生产和创作机制。例如,江西省分宜县融媒体中心采取了与江西日报社共建共享的模式,共同搭建了一个集采编摄传播于一体的云平台。通过这一平台,实现了新闻生产流程的技术再造,从而提升了内容生产的效率和质量。

县级融媒体需要根据自身实际情况,结合地方特色和资源优势,寻求创新的内容生产和分发方式,包括与当地的优秀媒体机构合作,共享资源和经验,充分发挥各方的优势。同时,县级融媒体也可以通过引进先进的技术和工具,提升内容生产的能力和水平。

通过立足本地、创新机制、充分利用资源,县级融媒体可以克服基础差异带来的挑战,提升内容生产的能力和质量。这样可以更好地满足基层群众的需求,传递地方声音,推动地方经济社会发展。县级融媒体的成功与创新离不开本地的支持和努力,需要形成全社会共同参与的局面。

(二)内容建设应博采众长、开放共享

县级融媒体中心在平台建设时应避免将其仅仅作为自娱自乐的平台,而应秉持开放共享的原则,借鉴中央媒体、省市级媒体等专业媒体机构以及民营专业机构生产的内容。同时,还应充分整合用户生成的内容,将各类资源汇聚到一起,根据本地用户的特点进行转载与分发,满足本地群众多层次、多角度的信息需求。

1.上接天线,加强与中央、省市主流媒体的内容建设合作

通过与中央、省市主流媒体建立内容合作渠道,县级融媒体中心可以向基层群众准确、及时传达中央和国家的重大决策部署以及重要政策法规。在面对重大会议活动的报道时,县级媒体无须派出自己的记者和编辑进行

采访报道,而是可以依托与人民日报社的"全国党媒公共平台"、新华社的"现场云"等国家媒体及本省市主流媒体建立的内容合作渠道来实现这一目标。

通过与中央、省市主流媒体的合作,县级融媒体中心可以获得更加权威、全面的信息资源。这些媒体机构拥有丰富的新闻资源和专业的记者团队,能够提供高质量、全面的报道内容。县级媒体中心可以与其合作,通过转载、引用等方式将其优质内容融入自己的平台中,使基层群众能够及时了解到中央和国家层面的重要决策和政策动态。

这种合作渠道的建立不仅可以减轻县级媒体的采编负担,节省人力物力资源,还可以提升县级媒体的报道能力和专业水平。通过与中央、省市主流媒体的合作,县级媒体可以获取到更多的信息资源和报道机会,提升自身的影响力和知名度。

2. 下接地气,加强县域机构与当地干部群众的互动合作

县级融媒体中心作为离老百姓最近的媒体机构,与当地干部群众之间的互动合作至关重要。以北京市昌平区融媒体中心为例,该中心积极推进全域信息发布资源的联通汇聚工作,以加强与公众之间的联系。

为了更好地与公众互动,县级融媒体中心需要不断创新理念、传播手段和话语方式。要紧密关注公众普遍关注的问题,形成公共话语。通过话题设置、百姓连线、媒体互动等形式,与公众建立有效的互动机制,引导公众舆论的形成和发展。尤其在涉及大是大非及政治原则问题时,县级融媒体中心扮演着重要的角色,帮助公众划清是非界限、澄清模糊认识。这种互动机制的建立,有效提升了信息传播的针对性和实效性。

通过加强与当地干部群众的互动合作,县级融媒体中心能够更好地服务于基层群众,满足他们多样化的信息需求。他们能够及时回应公众关切,了解并反映当地民意,传递政策措施,促进政务公开和民生改善。这种互动合作不仅增强了县级融媒体中心与基层群众的联系,还为干部群众提供了更直接、便捷的沟通渠道,推动了当地社会的和谐稳定发展。

3. 开放接口,加强与商业网络平台的内容合作

根据第 52 次《中国互联网络发展状况统计报告》(以下简称《报告》),

截至 2023 年 6 月,我国网民规模达 10.79 亿人,较 2022 年 12 月增长 1109 万人,互联网普及率达 76.4%。《报告》显示,在网络基础资源方面,截至 2023 年 6 月,我国域名总数为 3024 万个;IPv6 地址数量为 68055 块/32,IPv6 活跃用户数达 7.67 亿;互联网宽带接入端口数量达 11.1 亿个;光缆线路总长度达 6196 万千米。在移动网络发展方面,截至 2023 年 6 月,我国移动电话基站总数达 1129 万个,其中累计建成开通 5G 基站 293.7 万个,占移动基站总数的 26%;移动互联网累计流量达 1423 亿 GB,同比增长 14.6%;移动互联网应用蓬勃发展,国内市场上监测到的活跃 App 数量达 260 万款,进一步覆盖网民日常学习、工作、生活。在物联网发展方面,截至 2023 年 6 月,三家基础电信企业发展蜂窝物联网终端用户 21.23 亿户,较 2022 年 12 月净增 2.79 亿户,占移动网终端连接数的比重为 55.4%,万物互联基础不断夯实。2023 年年底,新浪微博的月活跃用户数达到 5.98 亿,而腾讯微信和 WeChat 的合并月活跃用户数量达到了 13.43 亿。同时,抖音、快手等短视频平台异军突起,迅速占领用户市场。根据 QuestMobile 数据显示,截止到 2023 年 9 月,抖音月活跃用户规模达到 7.43 亿,同比增长 5.1%。

这些网络平台每天都产生数百亿条的信息内容,为县级融媒体中心提供了丰富的信息资源。内容生产机构从专业生产内容到职业生产内容,再到社群生产内容,以及与 MCN 的合作,都成为县级融媒体中心获取内容的重要渠道。其关键在于做好与这些内容来源渠道的对接,并建立良好的利益机制,以形成稳定的内容生产和分发关系。

网络平台的丰富多元性为内容生产者提供了广阔的创作空间。它们带来了更加丰富、多样、生动、感性的网络内容信息,为县级融媒体中心提供了丰富的素材和话题。通过充分利用这些网络平台,县级融媒体中心可以呈现出更加多彩、生动的内容,满足不同层次、不同需求的用户。同时,县级融媒体中心也需要适应互联网时代的创新发展,不断探索新的内容生产和传播方式,提升内容的质量和影响力。

互联网平台的丰富多样性为县级融媒体中心带来了丰富的内容资源,同时也带来了机遇。通过与网络平台的紧密合作,县级融媒体中心可以更好地借助网络平台的力量,创作和传播多样化的内容,满足不同群体的需求,推动县级融媒体的发展和创新。

4. 丰富种类,提供多样化内容信息服务

从调研中了解到的情况显示,县级融媒体中心在内容建设方面不能仅仅局限于新闻和时政报道。我们发现,纯粹提供新闻信息内容的县级新媒体在用户关注度和活跃度方面表现较低。因此,县级融媒体中心的作用应该更多地扮演信息展示、聚合、传播和互动的角色,成为群众获取工作与生活信息需求的主要渠道。

在县级融媒体中心的平台上,不仅可以展示新闻信息,还可以呈现在线书籍、视频、音乐、游戏等各种网络文化作品。此外,政务信息、商务信息、就业信息等与群众生活和工作密切相关的信息也可以在平台上进行聚合,使其成为一个综合的信息服务平台。

通过这样的内容建设,县级融媒体中心可以更好地满足群众的多样化需求,提供丰富多彩的内容选择。群众可以在平台上方便地获取各类文化作品,同时也能及时了解到与生活密切相关的信息。这样的综合服务平台能够提高县级融媒体中心的影响力和吸引力,吸引更多的用户关注和参与。

5. 增强互动,提供双向信息内容服务

互动是互联网的基本特征之一,媒体平台如果无法实现与用户的互动,就会缺乏竞争力。目前绝大部分的县级新媒体都依托于微信、微博等社交平台,然而它们自身却缺乏互动功能,这直接导致了用户对其关注度不高。

值得注意的是,县域基层社会是一个半熟人社会,也是进行网络社交的绝佳场所。因此,县级融媒体平台应该将互动作为一个基本功能来进行建设。它应该搭建起各个县级部门之间、群众之间、群众与党政部门之间,甚至是与县域之外的机构和用户之间的互动平台,以提供双向、实时的互动信息服务,从而吸引用户的使用并提升用户的活跃度和黏性。

通过建立互动平台,县级融媒体可以打破传统媒体与受众之间的单向传播模式,实现信息的双向流动。群众可以通过平台表达意见、参与讨论、提出问题,而县级部门和党政部门也可以借助平台与群众进行有效的沟通和互动。此外,与县域之外的机构和用户的互动也能够丰富平台的内容和服务,增加用户的参与度和体验感。

（三）内容建设需要处理好三个关系

面对多元多样的内容生产方式和生产机构，县级融媒体中心的内容建设需要处理好以下三个关系。

1. 处理好"统"与"分"的关系

为了适应融媒体的现实需求，重塑内容生产的采编发流程是至关重要的。在这一过程中，要恰当地把握"统"与"分"的关系。具体而言，可以统筹传统媒体和新媒体在采编指挥调度、重大选题策划、采访力量和稿件资源等方面的优势，以加强调度指挥和提升新闻原创能力。

一方面，要发挥主流媒体在传播力、公信力和影响力等方面的优势，利用其广泛的受众基础和专业的报道能力，将重要信息传达给公众，形成舆论引导的效果。另一方面，也要充分发挥新媒体平台在互动机制、技术手段和分发模式等方面的优势，通过互动的方式与受众进行沟通交流，提升用户体验和参与度。

在具体操作上，可以针对不同细分领域，充分发挥各个媒体的专长和特点，形成合力，发挥融媒体的力量。例如，在重大新闻事件报道中，传统媒体可以通过专业的新闻采访和报道能力提供权威的信息，而新媒体平台可以通过即时互动、社交分享等方式增强用户参与感和传播效果。

重塑内容生产的采编发流程不仅需要整合资源，还需要注重协同合作和互动创新。各个媒体之间的合作应该是相互支持、相互补充的关系，共同推动融媒体的发展。通过优势互补，更好地满足用户的需求，提高信息传播的效果和影响力，进一步发挥融媒体的力量，实现内容生产与传播的优化与创新。

2. 处理好"采编"与"分发"的关系

在媒体融合机制下，处理"采编"与"分发"的关系是确保新闻内容高效、精准传播的关键。采编即新闻的采集与编辑，是新闻生产的核心环节。它涉及记者对新闻事件的采访、报道，以及编辑对新闻素材的筛选、加工和整合，最终形成可供发布的新闻产品。分发则是将采编好的新闻产品通过不同的渠道和平台传递给受众的过程。在媒体融合时代，分发渠道日益多样化，包括报纸、电视、广播等传统媒体，以及网站、社交媒体、移动应用等新兴媒体。随着新媒体的崛起和传统媒体的转型,媒体融合已成为发展趋势,对采编与分发流程提出了新的挑战和要求。

(1)紧密协作,相互依存。采编与分发在新闻生产过程中紧密相连,互为依存。采编工作为分发提供高质量的新闻内容,而分发则通过多渠道、多平台的方式将新闻内容传递给更广泛的受众。两者之间的紧密协作能够确保新闻内容的及时性和传播效果的最大化。

(2)流程优化,提高效率。在媒体融合机制下,需要对采编与分发的流程进行优化,以提高新闻生产的效率。这包括采用先进的采编系统、建立统一的内容管理平台、实现新闻素材的共享与复用等。同时,还需要根据不同分发渠道的特点和需求,对新闻内容进行针对性的编辑和加工,以满足不同受众的阅读习惯和偏好。

(3)数据驱动,精准分发。媒体融合时代,数据成为驱动新闻分发的重要因素。通过收集和分析用户数据,可以了解受众的兴趣爱好、阅读习惯等信息,从而实现新闻内容的精准分发。这不仅可以提高新闻内容的到达率和阅读率,还可以增强受众的黏性和忠诚度。

(4)渠道共享,联动推送。媒介融合代表着不同媒介形态实现互通共融,以互联网为平台统率各种文字、音频、视频为一体。单凭某一平台的分发无法发挥融媒体新闻产品的最大价值,需要借助新兴技术的多渠道,如个性化推送、算法推荐等技术,实现不同媒介平台共享渠道,联动推送,以扩大新闻内容的传播范围和影响力。

3. 处理好"继承"与"创新"的关系

在处理继承与创新的关系时,我们需要开发新的采编发系统,并进行内部体制机制的改革。这需要进行机构重组和人员调整,打破传统媒体和新媒体采编部门各自为政的局面,构建全媒体信息采集、内容生产和多平台分发的运行机制。

这项工作具有一定难度,需要县级融媒体中心工作人员具备相应的素质和领导意识,能够积极推进改革。在处理继承和创新的关系时,我们需要充分发挥过去传统内容生产积累的好经验和做法的作用,保持内容生产的品质和导向。同时,我们还要及时适应互联网时代的需求,创新内容生产方式和传播分发机制。

通过充实县级融媒体中心的内容建设,我们可以更好地满足用户的信息需求,提供高质量、多样化的内容服务。通过不断推进内容的创新和传播,县级融媒体中心可以在互联网时代发挥更大的作用,为基层群众提供更加全面、精准的信息服务。同时,也能够提升县级融媒体中心的竞争力和影响力,实现内容建设的可持续发展。

第二节　我国县级融媒体中心的发展情况

一、政策支持与推进

由于县级融媒体中心的建设与发展是符合时代要求的措施,我国政府给予了一定的政策支持,并提出了相应的规范要求。

2018 年 8 月 21 日,习近平总书记在全国宣传思想工作会议上提出要"扎实抓好县级融媒体中心建设",把"引导群众、服务群众"作为建设标准。由于受到区域、技术、人才、资金、机制等条件的限制,发展长期严重滞后的县级媒体终于进入政策关注的焦点区域,获得了政策扶持的发展机遇。这既是县级融媒体中心建设工作全面展开的开端,也是我国媒体融合翻开的全新篇章。

2018 年 9 月,中宣部在浙江省湖州市长兴县召开县级融媒体中心建设现场推进会,对在全国范围推进县级融媒体中心建设做出部署安排,要求2018 年先行启动 600 个县级融媒体中心建设,2020 年底基本实现在全国的全覆盖。

2018 年 11 月,中央全面深化改革委员会第五次会议指出,组建县级融媒体中心有利于整合县级媒体资源、巩固壮大主流思想舆论。要深化机构、人事、财政、薪酬等方面改革,调整优化媒体布局,推进融合发展,不断提高县级媒体传播力、引导力、影响力。要坚持管建同步、管建并举,坚持正确的政治方向、舆论导向、价值取向，坚守社会责任，把社会效益放在首位。

2019 年 1 月，国家广播电视总局又发布了《县级融媒体中心建设规范》和《县级融媒体中心省级技术平台规范要求》。《县级融媒体中心建设规范》基于县级融媒体中心的业务类型，规定了其总体架构、功能要求、基础设施配套要求、关键技术指标及验收要求等内容，适用于县级融媒体中心技术系统的建设。《县级融媒体中心省级技术平台规范要求》规定了对县级融媒体中心提供业务和技术支撑的省级技术平台的规范要求，适用于支撑县级融媒体中心的省级技术平台的设计、建设和运行维护。

除了政策关注，我国政府在财政支出上同样考虑到县级融媒体中心的建设需求。财政部公开的《2019 年中央对地方转移支付预算表》数据显示，国家在 2019 年加大了对地方公共文化体系建设的资金支持。专项资金预算数达到 147.1 亿元，比 2018 年的执行数增加了 18.1 亿元，增长率为 14.0%。这一增加的部分主要用于支持县级融媒体中心和深度贫困县的应急广播体系建设。通过这项资金支持，国家在各个方面积极推动着县级融媒体的发展。

二、县级融媒体中心的发展模式

对于县级融媒体中心的发展模式，可根据建设模式分为合作共建模式、自主建设模式、共享平台模式。

（一）合作共建模式

合作共建模式是指省市级媒体与县级媒体共同合作搭建系统，并进行共同投资。一个具体的例子是北京市延庆区融媒体中心。该中心依托人民日报媒体技术公司的技术支持，进行了内部的整合和重构工作，将下属的广播、视频、报纸、网站、客户端、微博、微信等传播资源进行整合，打造了一个集报纸、电视、广播和新媒体于一身的全媒体发展平台，实现了"广播电视+报业"模式的"中央厨房"。

除了与内部合作，延庆区融媒体中心还与中央和北京市属媒体、技术公司进行外部合作。他们借鉴了先进的融媒体经验，加速了自身融媒体中心的建设进程。通过与中央和北京市属媒体的合作，获得了更多的资源和支持,提升了自身的技术水平和发展速度。

这种合作共建模式在县级融媒体中心的发展中起到了重要作用。通过与其他媒体机构的合作,县级融媒体中心能够分享资源、借鉴经验,提高自身的综合实力和影响力。同时,这种模式也促进了不同层级媒体之间的交流与合作,加强了整个媒体行业的融合发展。

（二）自主建设模式

自主建设模式是指县级媒体独立投资建设,通过购买成熟技术服务或定制平台系统的方式,快速实现整体融合发展。长兴融媒体中心是一个典型的自主建设模式的案例。该中心由长兴广播电视台、县宣传信息中心、县委报道组、政府网新闻板块等多个部门单位整合组建,形成了全国首家县级传媒集团——长兴传媒集团,成为全国最早探索县级媒体融合发展的地区之一。

长兴融媒体中心以移动端为优先战略,推出了多种类型的融媒体产品,如短视频、掌心传媒、掌心音频、微直播、微游戏、VR 等。该中心利用直播、无人机等技术和设备探索融合传播的方式,并自主研发了"融媒眼"智慧系统等媒体融合软件。在"长兴帮"频道和"长兴帮"App 的基础上,该中心推出了"电视+电商"模式、O2O 服务、本地资讯服务和政务公共服务,实现了"电视看单,手机下单"的便捷服务。同时,还探索多元经营模式,承接制作社会上的纪录片、宣传片等视频作品,开展以活动和视频为主的媒体类服务。

长兴融媒体中心的建设模式在2017 年被浙江省委宣传部和浙江省新闻出版广电局确定为媒体融合的"长兴模式",并在浙江省内推广应用。目前,浙江省内的许多区县已经采用了这一模式,取得了良好的效果。

长兴融媒体中心的自主建设模式为其他地区的县级媒体提供了有益的借鉴。通过自主建设,县级媒体能够快速发展融媒体平台,提供多样化的内容服务,并与市场、用户需求相匹配。这种模式不仅促进了县级媒体的发展,也推动了整个地方传媒行业的创新与进步。

（三）共享平台模式

共享平台模式是指中央或省市级媒体建设融媒体云平台,为县级媒体提供资源共享、内容输出、技术支持和托管运营等服务。这种模式使县级媒体无须自行投入大量资金和人力去搭建系统,而是通过与中央或省级融媒体云平台合作,以较小的成本共享来自省级融媒体云平台的各种资源,并实现本地媒体资源与公有云平台的交互融合。

共享平台模式可以满足县级融媒体中心快速建设的需求,帮助其高效获得现代化的传播能力。这种模式也是目前大多数县级融媒体中心建设的主要选择方式,也被国家广播电视总局推荐为行业标准。例如,浙江日报报业集团开发的"浙江媒体云"就是一个典型的共享平台模式。该平台旨在让省内其他中小媒体都能在此媒体云下进行各自的"中央厨房"建设。江西日报社的"赣鄱云"平台已经相当成熟,它开通了 20 多个地市级融媒体"中央厨房"站点,改变了过去各地分散建设和分散技术采购的情况。该平台支持 500 个站点的"中央厨房"和 5000 个媒体平台同时运行,满足江西全省所有县(市、区)及媒体的"中央厨房"建设需求。吉林电视台在完成融媒体中心建设后,积极帮助下属县级媒体实现媒体融合,并已援助 20 多个县级融媒体分中心的上线。类似的共享平台模式还有"长江云""四川云""新湖南云"等。

通过共享平台模式,县级媒体能够利用更强大的技术支持和资源优势,快速实现融媒体中心的建设,并为本地用户提供更丰富多样的内容服务。这种合作模式既节省了资源投入,又提高了县级媒体的发展效率,为地方传媒行业的创新与进步注入了新的动力。

三、县级融媒体中心的建设现状与问题

我国多数县级融媒体中心仍处于探索期与发展期,其建设现状主要呈现在五个方面:①平台类型多元,传播效果与服务性有待提升;②内容同质化程度高,舆论宣传影响力弱;③互动机制有待完善,政治参与调动不足;④资金来源依赖政府,盈利能力较弱;⑤人员专业度不足,人才管理缺乏科学机制。

(一)平台类型多元,传播效果与服务性有待提升

2018 年 4 月的调研数据显示,大部分县级媒体已经拥有三种或三种以

上的新媒体平台,且45.1%的县级媒体在第三方平台如今日头条、一点资讯和网易新闻上开设了官方账号。其中,县级微信公众平台的建设状况较好,全国共有1637个县拥有微信公众平台,覆盖率高达87.54%。但是,县级客户端的建设相对较差,只有579个县拥有新闻客户端,覆盖率仅为30.96%。另外,有24.08%的县级媒体中心实现了"两微一端一号"的建设。

然而,当前县级融媒体中心在实际传播效果上并不理想。部分县级融媒体中心在建立大量新媒体平台后,运营效果不佳,超过半数的平台用户或粉丝不到1万人,影响力非常有限。造成这种情况的原因是,目前很多县级融媒体中心仅仅在形式上进行了建设,如挂牌和大屏幕的建设,但在传播理念和协作机制等方面尚未真正实现融合。这直接影响到新闻生产这一核心环节,使得县级融媒体中心在传统媒体内容的基础上进行简单的加工或复制,报道内容主要以领导活动、一般性工作动态和总结性报道为主,缺乏时效性。同时,县级融媒体中心的报道方式和表现手法陈旧,缺乏多样化和创新性,难以吸引受众,不利于提升传播效果。

在服务性方面,根据《县级融媒体中心建设规范》,县级融媒体中心主要包括五大服务类型,分别是媒体服务类、党建服务类、政务服务类、公共服务类和增值服务类。然而,在实际操作过程中,大多数县级融媒体中心很难实现全部的服务功能。例如,在举办文化活动这一重要的基层社会治理工作中,由于县级机构的职能权限存在差异和壁垒,难以进行协调和统筹,导致县级融媒体中心不能独立策划和执行活动方案,有时甚至只负责新闻采访报道。这种局面十分尴尬,因为县级融媒体中心已经意识到提供优质公共服务是增强用户黏性的关键,但完善政务和服务功能的开发仍然依赖技术投入和县域其他部门的配合。例如,江西省分宜县的"画屏分宜"客户端虽然具备一些政务服务功能,但仅仅是将政府网站的政务服务功能以网页的形式链接到客户端。同时,各县级融媒体中心在引导和服务群众的功能上,尤其缺乏高质量的原创内容产出和全面独立实现功能服务的条件。

(二)内容同质化程度高,舆论宣传影响力弱

全媒体时代,新闻媒体已从"唯一"属性变成"之一"选项。可以说,没有高标准、高质量、高效率的新闻内容输出,就难以支撑新闻舆论传播力等四

力的全面提升。在对江苏省首批 32 家县级融媒体中心 2020 年全年的微信公众号以及抖音平台上发布的阅读量最高的 320 条内容进行分析时,发现多数县级融媒体中心发布内容的形式与结构较为单一,同质化程度高,多为政策宣传以及政府公告,在地化且形式丰富的内容数量较少,因此对县域民众的吸引力有待提高。内容主题主要集中在政府公告、文明宣传、公共事务,其中政府公告占了较大比重,词频在 100 以上的内容主题高频词中占据了 9 位,在语义网络分析中也可以发现"通知"处于较为核心的地位。此现象形成的原因之一就在于县级融媒体中心运营观念传统封闭,照搬过去的传播模式,内容生产路径固化,深耕本地内容较少,没有将自身先天的本地官媒优势转化为内容制作的优势。这样的后果就是同质化内容越来越多,越来越失去了对县域民众的吸引力,自身的影响力也就不断弱化,这也能解释为什么作为当地官方媒体,县级融媒体中心的影响力与当地人口数量不成比例的难题。

　　另外单就抖音平台的内容数据来看,大多数县级融媒体中心仅仅是将微信公众号内容的简单照搬过来,报道形式过于单一,尤其是在短视频风靡一时的当下,没有全面考虑县域民众对多样化信息的需求,也没有充分发挥抖音作为短视频平台丰富灵活的表达优势。

(三)互动机制有待完善,政治参与调动不足

　　即时互动是移动互联网时代用户的基本要求,但大部分的县级融媒体中心互动机制较为固化,评论里提出的建议与意见极少得到回复,一定程度上降低了县域民众的用户黏性,堵塞了县级融媒体中心与县域民众之间的沟通渠道,不仅存在着引发负面舆情的风险,在调动民众政治参与积极性上恐怕也难取得较好的成效。在搜集的 4106 条有效评论中,消极评论占比9.86%,虽说大大小于积极评论比重,可一旦引发负面舆情,导致媒体公信力被损害,这些力量也不容小觑。抛开县级融媒体中心主观因素,消极评论鲜少得到回应可能是因为被淹没在了正面评论的裹挟之下,但这也体现了部分县级融媒体中心互动机制不够完善,在通过大数据进行信息获取、分析进而处理的能力上有所不足。

　　在新媒体强大的攻势下,各种信息鱼龙混杂,无处不在,即便一个简单

平常的小事情,如果应对失当,也有可能导致负面舆情的出现,降低民众政治参与的热情。作为推进基层治理能力现代化的抓手,县级融媒体中心有义务承担起反映社情民意、及时解决问题的重大责任,县域民众通过微信公众号、抖音、客户端等平台对一些公共事务表达自身的不满或者疑虑,便正是对县级融媒体中心这种身份定位给予了信任与认可。倘若忽视民众诉求,一味地"装聋作哑",非要等到舆情暴发才开始反思追悔,不仅损害了"党政喉舌"的正面形象,难以调动县域民众的政治参与性,对于政府来说,治理难度以及治理成本也必然将大幅增加。

(四)资金来源依赖政府,盈利能力较弱

研究数据显示,县级融媒体中心的运营经费主要来自政府拨款和单位拨款,而财政投入在新媒体平台建设上相对较少。具体数据显示,82.50%的县级融媒体中心的经费来源于政府拨款。东部地区平均投入金额为760.4万元,中部地区为162.4万元,西部地区为234.9万元。

然而,仅依靠政府的财政支持无法满足县级融媒体中心在平台、技术和服务方面的资金需求。目前情况显示,一些率先建立融媒体中心的县级基层单位确实获得了上级的资金支持。例如,甘肃省玉门市获得了2018年中央财政专项资金600万元的补助,江西省分宜县融媒体中心获得了本县2016年度重点项目900万元的资金支持。然而,只有少数县级基层单位能够得到上级的财政支持,更多的县级融媒体中心面临着巨大的资金缺口困境。

由于缺乏高质量的原创内容,部分县级融媒体中心无法满足当地经济社会发展战略的要求。因此,他们生产的内容往往质量较低,缺乏独特的地方文化特色,难以吸引受众的注意。这使得县级融媒体中心无法通过广告收入弥补财政资金缺口,更难找到适合自己的盈利模式。尽管一些位于经济发达地区的县级融媒体中心依托区域的经济和技术优势,逐渐实现了市场化经营并开始盈利,但大多数县级融媒体中心仍然面临着财政压力,陷入了入不敷出的困境。

县级融媒体中心在财政支持和盈利模式方面存在着较大的问题。如果不能及时解决资金缺口和长期稳定盈利的问题,一些县级融媒体中心的运

营可能会陷入恶性循环。

（五）人员专业度不足，人才管理缺乏科学机制

移动互联网对传统媒体产生了巨大冲击，而随着5G、大数据、云计算、物联网、多屏化和人工智能等智能技术的发展和普及，全媒体应运而生，为新闻信息的即时、高效传播提供了极大助力。全媒体具有强渗透性、场景化、社交增能和重构传播时空关系等特点，深刻地影响着我国传媒业的生态格局。在媒体从业人员层面，了解和使用新技术已经成为不可避免的新要求。根据调研结果，县级融媒体中心的运营和管理人员普遍年龄较大，年轻人的比例较低。目前，县级融媒体中心的工作人员中，有56.34%为正式在编全职人员，而40.43%为非正式在编人员（合同工、临时工、实习生、兼职人员等）。这反映出县级融媒体中心急需掌握新技术的人才。然而，县域范围内的基层单位无法与一、二线城市的媒体机构相媲美，无法提供与之相匹配的薪资待遇、发展机遇和生活环境。尤其在经济相对落后的西部地区，这一现象更加普遍。当地的县级融媒体中心很难通过有限的资源吸引高素质的专业人才。

同时，大多数县级融媒体中心没有相应的特殊人才引进政策或福利待遇。调查结果指出，全国范围内的县级融媒体中心人才培训制度并不完善，仅有47.06%的县级融媒体中心建立了人才引进机制，实际使用该机制引进人才的比例不到80%。即使在人员不足的情况下，也很难招聘到专业对口、能够胜任媒体融合相关工作且愿意长期留任的员工。同时，县级单位中专业人才的职业发展路径并不明确，这使得即使有融媒体专业人才进入，也难以长期留住他们。目前，县级媒体面临着许多问题，例如内部体制僵化、资金不足、部门之间的隔阂、资源调动不畅，以及与其他县级媒体之间的竞争和合作困难。这些问题使得县级融媒体中心在工作待遇和工作环境方面对高端人才缺乏吸引力，并且不利于内部已有人才制定长远发展规划。人才队伍的建设和管理问题是当前县级融媒体中心建设面临的显著问题。一方面，现有的工作人员较少掌握新技术，无法适应新时代的新闻生产工作节奏和环境，导致媒体缺乏专业的运营团队。另一方面，县级融媒体机构本身尚未建立科学有效的人才管理机制来应对新媒体传播体系的需求，因此人才

引进和人才流失问题较为严重。

四、县级融媒体中心建设范例

20 世纪末，互联网进入中国并得到快速发展，后来居上。目前，互联网在我国大城市的普及已趋于饱和，逐渐向三、四线城市甚至更低级别的县域地区扩展，逐渐培养起小城市乃至县域用户的媒体使用习惯。

县级融媒体建设正是准确地抓住了县级宣传力度不足的问题，为县级党委政府提供了有力的融合传播工具，打通了舆论传播的"最后一公里"，更好地连接群众，引导群众，为群众提供服务。自 2018 年以来，各省各县响应号召，积极推进县级融媒体中心的建设，形成了许多可靠的经验。总的来说，县级融媒体中心建设范例分以下几种。

（一）依托发达县域经济的企业化模式

位于浙江省湖州市的长兴县，2018 年的户籍总人口达到 63.64 万人，地区生产总值（GDP）达到 609.78 亿元，人均生产总值为 95 961 元。在 2019 年全国县域经济百强县（区）排行榜中，长兴位列第 41 位。长兴县级融媒体建设的最大特点在于依托强大的县域经济，走市场化的发展路线，既能实现丰厚的营收，又能提供优质的群众服务。其特点如下。

1. 集团化建设

2011 年 4 月 15 日，长兴广播电视台、长兴宣传信息中心、县委报道组、"中国长兴"政府门户网站（新闻板块）多个单位跨媒体整合，成立长兴传媒集团（见图 3-5），这是全国第一家整合广电和报业资源的县域全媒体传媒集团。集团大楼耗资 1.5 亿元修建完工，现有员工 550 余人，总资产 9 亿多元。两微一端用户超过 65 万，另拥有有线电视用户 18 万户，2018 年总收入2.32 亿元。

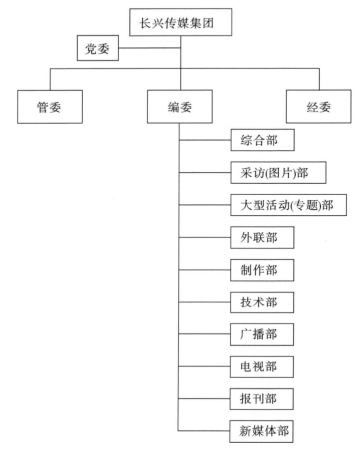

图 3-5   长兴传媒集团架构①

2. 体制改革

长兴传媒集团作为公益二类事业单位,后来进行了事业单位企业化运作。为了提高管理效率,长兴传媒采用现代企业管理制度,并对人事分配制度进行全面改革。他们建立了"双聘十五档薪酬"、按岗定薪、同岗同酬等人事任用制度,以合理分配智力资源。此外,还引入了积分制考核体系,对员工的工作进行量化考核,根据贡献给予相应的奖励,以提升员工的积极性。

①   张宏邦.县级融媒体:国际化视野与本土化建设[M].厦门:厦门大学出版社,2021:16.

同时,还建立了管理和业务提升双轨制、中层选拔机制,疏通了内部晋升通道。对于优秀人才,长兴传媒采取特殊人才年金制和首席人员首席待遇制度,给予额外的激励和优厚的待遇。这些措施旨在激发员工的工作动力,提高整体管理水平和业务水平。

3. 盘活资源,多渠道造血

长兴传媒集团目前的业务涵盖三个主要部分。一是传统业务,主要以有线电视和活动承办为核心。二是信息产业,以数据服务和智慧城市建设为代表。三是融媒产业,以融媒经验培训和少儿培育为主要内容。为了支持各项业务的发展,集团成立了一系列的子公司和机构。其中包括长兴慧源有限公司,专门从事智慧产业的开发和建设;浙江智长城大数据有限公司,致力于提供大数据服务;融媒学院,专注于输出融媒经验。长兴传媒集团受益于发达的县域市场需求和良好的企业配套环境,实现了可观的经济效益。仅在 2018 年,集团的年总营收就达到了 2.32 亿元,其中网络收入为1.12 亿元,广告收入为 5674 万元,智慧类项目收入为 5000 万元。这些数据表明,长兴传媒集团在多个业务领域取得了显著的成绩,并为当地经济发展做出了积极贡献。

4. 流程、平台、人员多层次融合

长兴县级融媒体中心以全媒体平台为基础,集合了广播电台、门户网站、两微一端等新老媒体,彻底改革了报道流程。在信息采集方面,建立了名为"融媒眼"的报道指挥平台。通过这个平台上的"融媒地图",指挥人员可以清晰地了解外出采访人员和采访车的位置和工作状态。同时,指挥人员和采访人员可以通过平台进行实时视频交流,实现采访力量的即时调配和采访进程的及时反馈。在素材共享方面,每个员工都拥有融媒体平台上独有的"咔咔"账号,可以随时调用平台内的信息资源。在信息发布方面,长兴县级融媒体中心倡导移动优先战略,通过多个渠道发布信息,实现新闻的及时传递和最大化的传播效果。在技能提升方面,长兴传媒记者队伍积极转型,从传统的单一形态记者向全媒体复合型记者发展,掌握采访、写作、摄影、摄像等多种技能,实现多样化的新闻报道。这些改革措施使得长兴县级融媒体中心的工作人员能够更好地适应新媒体时代的要求,并为群众提供

更全面、及时的新闻服务。

5. 以优质内容引领群众、服务群众

长兴县级融媒体中心积极履行对群众的服务和引导职责,通过借力和出力的方式实现多方面发展。作为主力平台,"掌心长兴"App设有新闻、活动、直播等多个板块,与人民日报党媒平台对接,实现本地新闻与中央权威新闻的互通有无,传播主旋律,巩固舆论阵地。此外,"掌心长兴"还接入了当地20多个部门的约250个自办事项,包括身份证办理、少数民族加分、气象局气象证明等政务服务,居民可以通过移动端在线预约或办理,实现"最多跑一次"或"一次都不用跑"。同时,长兴县级融媒体中心充分发挥全媒体和高速率宣传优势,围绕县政府工作做系列主题报道,加深群众对政策的了解,辅助政府公务的进行。通过"直击问政"和"直击一线"等监督报道,解疑释惑,引导群众。此外,长兴县融媒体中心还将线下与线上结合,推出主题公益活动,传播社会温暖。

与长兴县相似,河南省周口市的项城市也在融媒体建设方面取得了显著成果。项城市融媒体中心通过整合多个媒介平台,包括App、报纸、杂志、电台、电视台、微信公众号、微博和网站,取得了可观的年收入。其中,服务和产业收入占据70%的比重。该中心与市政府各部门合作办理了十余个栏目,报道宣传各部门的工作,实施舆论监督。此外,融媒体中心还与文化站、图书馆、文化协会等组织合并,通过传习所在行政村开展各种文化活动,直接触达群众。中心还开设了"维权哥""市长信箱""帮忙团"等栏目,满足用户的需求。通过自建的App,用户不仅可以通过直播了解身边的事情,还能享受电商、政务、文化等各种服务。

项城市融媒体中心对本地广告市场进行了大量调研,并以此为基础制定了发展规划。通过栏目与三大产业相互依托、相互支撑的方式,该中心创办了农资公司、婚庆公司等,扩大购买服务和产业创收占比。在其经营范围内,包括本地房地产市场和旅游市场,广告收入占总营收的30%。这种多元化的经营模式有助于提升项城市融媒体中心的发展水平,并为其持续增长创造了有利条件。

（二）与省级平台合作建设模式

2019年1月,国家广电总局发布了《县级融媒体中心建设规范》和《县级融媒体中心省级技术平台规范要求》，提出了县级融媒体建设的标准，要求每个省份建立一个支撑县级融媒体中心的技术平台。河南省的县级融媒体中心省级技术平台率先通过验收，随后四川、江苏、山东等省份也相继建立了技术平台。

分宜县是位于江西省新余市的一个县。分宜县融媒体中心成立于2016年9月，是由县委宣传部的报纸、微信、手机报、微博，县文广新局的县广播电视台、网络传输中心，以及县政府办的县政府网新闻频道整合而来。作为县委直属的正科级全额拨款社会公益类事业单位，分宜县融媒体中心归县委宣传部管理。该中心最大的特点是依托江西日报社的"赣鄱云"融媒体技术平台建立起来的。尽管投入相对较小，但它成功地建立了一个集移动采编、内容管理、终端分发和传播效果分析等多功能于一体的媒体调度平台。

1. 借助大平台，县级融媒体"拎包入住"

2014年8月18日，中央全面深化改革领导小组第四次会议通过了《关于推动传统媒体和新兴媒体融合发展的指导意见》，这标志着全国范围内媒介融合的开端。与此同时，江西日报社以"中央厨房"为参考，通过对各单位和商业公司的调研学习，建立了自己的媒体融合平台，并逐步推广到全省范围。目前，"赣鄱云"为江西省内70%的县级单位提供融媒体平台的建设和维护服务，分宜县就是其中之一。"赣鄱云"为县级融媒体中心的建设提供技术平台，从而避免了购买服务器、软件和大数据服务所带来的高额成本，减轻了县级平台的经济负担。此外，"赣鄱云"还提供细致的空间设计、设备采购和人员培训等服务，实现了"拎包入住"式的县级融媒体建设。

2. 内外联动，矩阵传播

分宜县的"画屏分宜"客户端是一个集成了县内所有媒体平台的综合性应用程序。在这个客户端上，约有100多个账号活跃，形成了一个连接县乡镇村的广泛媒体传播矩阵，为群众提供各个领域的便捷服务。老百姓可以在其中找到与"衣、食、住、行、游"相关的各种服务，享受掌上办理缴费、交通查询等政务服务，实现足不出户事情妥办。"赣鄱云"平台横跨省市县三级，整个省份都在同一个传播网络中，分宜县的加入意味着能够共享平台上各级媒体的新闻资源，丰富本地的新闻内容。同时，本地县级媒体的新闻也可以通过这一平台拓宽传播范围,增加传播密度。各县级媒体在进行集中宣传报道时更容易联动,形成舆论合力,壮大声势,提升县级媒体在舆论宣传方面的传播力、引导力、影响力和公信力。

3.进行内部改革,多渠道增收

为了支持融媒体建设,分宜县财政安排了专项财政资金,并增加了事业编制的数量。分宜县融媒体中心招聘了年轻员工加入团队,并重新制定了薪酬分配制度和考评标准,以激发创作活力。除了传统的广告收入外,分宜县融媒体中心还承办了政府部门和当地知名企业的庆典、晚会、展览等活动。作为媒体单位,还策划组织了县内的歌手大赛、少儿才艺比赛等活动,为城市的外观设计和改造提供智力支持,并积极培育文化创意产业,通过多渠道增加收入。

与"赣鄱云"类似的还有"云上河南"移动新媒体平台,该平台集成了广播电视、平面媒体、微博、微信、客户端、有线电视、IPTV 等多种媒介渠道,实现了全省范围内的资源共享和互联互通。该平台由河南广播电视台负责运维,依托先进的融媒体支撑技术,为各县开发定制的客户端,并统一以"云上+县名"作为品牌标识。在舆情研判、新闻流程优化、增强四力等方面,"云上河南"发挥着重要的作用。

然而,在实践中,这种融媒体建设路径也面临许多问题。例如,"赣鄱云"平台部分功能并未完全向县级融媒体敞开,平台的研发速度较慢,无法与同期的商业化公司相提并论。另外,对于地方个性化需求的响应速度较慢,安全建设也需要进一步加强。这些问题需要被认真对待和解决。

（三）以县级广播电视台为主体模式

2018 年 3 月,玉门市广播电视台和成都索贝数码科技股份有限公司合作,集合玉门市广播电视台、市委宣传部下微博、微信,建成融媒体平台。2018 年 8 月 15 日,玉门市融媒体中心正式上线。

1.以强势传统媒体为中心

玉门广播电视台是市内规模最大、影响力最强的传统媒体,它由原有的广播台、电视台和新闻中心三家正科级单位整合而成。该台在内容生产和经营管理方面具备出色的能力。

在 2016 至 2018 年期间,玉门广播电视台积极主导智慧玉门城市建设,取得了显著成果。首先,成功建立了覆盖全城公共区域的免费 Wi-Fi 网络,为市民提供了便捷的网络服务。其次,开通了"两微一端",通过微博、微信等社交媒体平台与受众进行互动和信息传递。此外,玉门广播电视台还获得了部分户外大屏和广播网的信息发布权,进一步扩大了影响力和传播范围。

这些举措不仅巩固了玉门广播电视台的实力,拓宽了受众基础,也为后续融媒体中心的建设奠定了坚实的基础。玉门广播电视台将继续发挥其优势,积极推动融媒体的发展,为市民提供更加多元化和高质量的信息内容,促进玉门市的社会经济发展。

2."一中心四系统+爱玉门 App"平台建设

玉门市融媒体中心的建设内容包括"祁连云"数据融合中心、融媒体生产系统、融媒体报道指挥系统、融合媒资管理系统、全景演播室系统以及"爱玉门"客户端。这一融媒体平台的构建旨在实现新闻生产流程的优化和资源的合理配置。

"祁连云"数据融合中心提供计算、存储、交互云服务,为其他系统提供强大的技术支持。融媒体生产系统集成了传输、编辑、发布等新闻生产工具,并运用语音写稿、脸部识别人工智能技术,提高了新闻生产效率。融媒体报道指挥系统通过可视化展示,监控新闻生产全流程和资源调配,及时了解热点舆情,调度报道力量,整合用户数据,分析传播效果并调整报道方向。融合媒资管理系统类似于数据库,方便节目制作、播出等操作。全景演播室系统应用于采访、播音、虚拟访谈等场景,并可与社交媒体和新媒体平台进行即时互动交流。

此外,"爱玉门"客户端提供图文、视频直播等功能,方便用户第一时间获取信息并与平台互动。该 App 还具备丰富的延展功能,用户可在爆料栏目曝光不文明行为,通过投票功能参与城市公共活动,并可在平台上预约政务办理。整个融媒体平台以"一中心四系统+爱玉门 App"的构建为基础,重塑了新闻生产流程,实现了资源的合理配置和信息的高效传播。这一平台将进一步提升玉门市的媒体效力,为市民提供更加优质、便捷的媒体服务。

（四）县委宣传部主导模式

农安县位于吉林省长春市,早在 2013 年就开始尝试媒介转型。当时,农安县推出了名为"掌上农安"的手机客户端,为县内居民提供了便捷的信息获取途径。随后,在 2016 年,县级媒体机构又开设了"幸福农安"微信公众号,进一步扩大了信息传播的覆盖范围。

2018 年 2 月,吉林省启动了媒体融合试点工作,农安县成为三个试点县之一,正式开始了县级融媒体平台的建设。这一平台的建设旨在整合传统媒体和新兴媒体资源,提供全方位的信息服务。

1. 县委宣传部掌握传统媒体部门

农安县内的主流媒体包括县广播电视台、县委宣传部和网信办下属的县人民政府网,以及其他新闻媒体。在农安县进行文化体制改革期间,县广播电视台和县人民政府网站都划归县委宣传部领导,由其直接或间接管理。因此,县委宣传部对于县级媒体的掌控力度相当大。

随后,县委宣传部顺势而动,将其他县内媒体进行整合,并与新华社本省分社的移动传媒公司展开技术合作,搭建了一个集数据分析、移动采编、舆情监控等功能于一体的融媒体支撑平台。以宣传部为主体的融媒体建设路径具有多方面的优势。

在宣传方面,媒体融合是新媒体与传统媒体的融合,相较于传统媒体,具有草根属性的新媒体在传播力和覆盖面上具有很大优势。而宣传部门主要职责是进行理论研究、宣传和引导社会舆论,因此,宣传部门主导融媒体建设能够有效把控宣传方向,壮大主流舆论阵地,为基层唱响主旋律。

在媒体平台建设方面,一个强有力的领导中心有利于打破各个媒介平台之间的壁垒,使融媒体内部顺畅沟通,促进媒介资源的有序流动和高效配置。在实际运行中,涉及监督、群众爆料、民生问题溯源等报道时,拥有发布行政指令权限的宣传部门能够有效解决当事机构不配合、采访受阻的问题。基于这些考虑,许多县级融媒体建设都选择了以宣传部为主导的路径。

2. 建立"3625"式运行模式,深入最基层

农安县融媒体中心不限于线上信息传播,还积极走进线下,将服务和宣传党的声音与基层活动结合起来。这一精神在"3625"模式中得到了显著体现。其中的"3"代表县、乡、村三级服务阵地;"6"代表建立了理论政策、教育法治、文明文化、科技科普、健康体育、信息与融媒体六大服务平台;"2"指的是打造了黄龙府新时代文化艺术节和新时代丰收节两大服务项目;"5"则指形成了平台亮单、中心派单、队伍接单、基层报单、群众点单的"5"单运行机制,全面提高了群众服务的靶向精准度。

同时,农安县融媒体中心还充分利用村级党员活动室、农家书屋、文化广场等资源,在全县范围内建立了403个新时代文明实践阵地。该中心还开展了"关爱老兵""科技文化大篷车""关爱贫困家庭"等志愿服务活动,并结合政府政策,开展了"走访千家、帮扶万户""千名干部访万户"等活动,多方面满足基层群众的需求。

农安县融媒体中心注重发挥群众的主动性,培育民间志愿服务队。他们鼓励小戏班、小剧团、小乐队、小协会等文艺团体充分活跃起来,在文化活动中表达自我,实现自给自足。这些举措使融媒体中心成为基层群众得到满足和发展的重要支持和平台。

五、县级融媒体中心建设启示

(一)避免媒介形式化

县级融媒体中心承担着加强基层思想宣传、振兴乡村经济、引导服务群众的重要使命。然而,由于体制机制和从业者积极性等方面的原因,县级媒体平台的传播效果并不理想。许多县级媒体开设的"两微一端"受众有限,更新内容缓慢,互动性不强。在评价体系方面,2019年1月15日发布的《县级融媒体中心建设规范》规定了县级融媒体中心需要完成五大服务职能,然而实际上因缺乏相应的细化考核制度和奖惩机制,导致县级融媒体中心工作质量良莠不齐,媒介平台形式化程度较高。

针对这一问题,县级融媒体中心需要在管理上创新理念,打破论资排辈和平均化观念,为有能力的复合型人才提供支持和培养。例如,长兴传媒集团采取了"引进"和"培养"相结合的方式,对于特殊人才给予特殊待遇,并为有能力的人提供更广阔的舞台。在2017年4月,长兴传媒启动了首季"万物生长"学习提升计划,制定了"七个学"的学习方式,将自主学习、行业交流学习、高校学习和实践学习有机结合起来。通过密集而多样化的学习，员工的业务能力得到了显著提高，激发了员工的积极性和能力潜力。长兴传媒在H5、短视频、微直播、VR等产品制作方面大展拳脚，获得了群众和业内人士的广泛认可和赞赏。

（二）深化改革促融合

随着互联网新技术新应用迅猛发展，县级融媒体中心更要以深化改革促深度融合。一是信息融合上，采用多元传播方式。可以在做优"两微一端一抖"新媒体信息平台外，持续整合区内各新媒体平台的力量，用"集约化"和"规模化"的传播方式，扩大信息的覆盖面和影响力，变信息"集散地"为"集中地"。具体而言，主要是完善客户端矩阵体系，整合镇区、街道、部门信息发布平台，将其统一纳入App和微信公众号等平台，下沉基层、服务群众；将融媒体功能拓展到政务、服务、商务等各个领域，覆盖经济社会建设发展的方方面面。二是探索事业单位、现代媒体、文化类企业三者融合发展的体制机制。包括对人事、财政、薪酬等方面的体制机制进一步完善，推动在平台、渠道、媒介、人员等方面的深度融合，激发人员干事热情和工作活力。三是打造融媒体中心融合发展的升级版。继续发挥新媒体及广播电视等平台的优势和作用，抓好自办栏目创新，积极探索"媒体+"传播服务新格局，搭建更优质的传播矩阵，实现同频共振，拓展宣传覆盖面，提升主流媒体影响力。

（三）因地制宜谋发展

县级融媒体中心建设面临的基本国情有：①地域辽阔，人员众多；②区域经济文化等各方面发展不均衡；③城乡互联网技术普及与使用差异；④区域网民活跃度差异；⑤信息化服务水平区域差异。这决定了我们不能一刀切地建设各县融媒体中心，环绕大屏、贯通式大厅等中央、省、市级建设案例不能简单套用于县级。

各县都有自己的历史情况和可接触资源选择，基础不同，建设路径也各异。例如，"玉门模式"的建设主导是玉门市广播电视台，电视台本身实力强、受众基础广、思路前沿，又承担过本地"智慧城市"建设，有充分的优势去整合其他媒体平台。玉门本身地处西北，没有可与长兴匹敌的市场和信息化服务水平，因此无法走企业化路线，仍需要当地宣传部从宏观上对建设方向进行把关。

（四）打造全媒体型人才队伍

县级融媒体中心要从根源入手,进一步改进和完善融媒体中心的岗位晋升等级制度。特别是在优质人才引入、晋升渠道畅通、薪资报酬提升等根本问题上解决人才引不进和留不住的困难。要在一线采编队伍中广泛开展业务的交流和学习,不断激发员工潜能,鼓励记者深度转型,实现最大化产出。同时,要选好"一把手",建强基层新型主流媒体。县级融媒体中心"一把手"必须有魄力、胆识和专业度,要勇于担当、尊重人才。此外,还需不断创新人才培养机制。加强中心干部、职工的日常教育培训,持续深入开展增强"脚力、眼力、脑力、笔力"教育实践,有针对性地制订融媒体中心学习培训计划,强化对采编人员、专业技术人员的招引、教育和培训,并在现有人员中选出最优、最强、具有使命感和责任感的年轻人才,放在一线锻炼,发挥年轻人对于新媒体的敏锐性和对于新领域、新知识的快速接收能力。

（五）提升内容质量

对全国县级融媒体各类平台内容原创度的调查结果显示,党政机关的供稿和转载其他平台内容成为县级融媒体网站、微信、微博的主要信息来源,而内容的原创性存在严重不足的问题。在题材方面,民生类新闻的报道相对较少,而党政动态报道却较为频繁,导致信息平衡性不足。在主观上,过度依赖主流媒体的报道方式,以及客观上县域新闻事实的匮乏,加剧了内容同质化的现象。新闻的视听语言仍然延续传统媒体时代的惯例,缺乏互动性和审美感,无法有效激发受众的关注和参与欲望。

在新媒体时代,群众不再是单一的信息受众,他们具有选择新闻的能力。因此,在县级融媒体中心的建设和发展过程中,应秉持"用户为王"的互联网思维。可以引进人民日报社"中央厨房"的"项目制"运行模式,通过员工按兴趣组合形成产品团队,深度、全程合作,精心打磨新闻产品。此外,为了激励优质创意,可以相应配备绩效考核机制,对表现突出的人员进行奖励和认可。

（六）拓展渠道提升实效

面对复杂多变的舆情,县级融媒体中心新闻工作者需要主动发声,以正视听,回应社会关切,揭露事实真相,消除疑惑,把舆论引导做到最关键处、最急需处。一是加强党对新媒体、自媒体的领导。将自媒体平台、账号使用与监督相结合,建立健全机制。二是做好对突发事件的舆论引导。第一时间采制事实鲜活的高价值新闻,借用事实,感染群众,通过良好的舆论引导助力融媒体工作的进步和滋养群众正向的价值观。三是对于负面新闻要直面问题。融媒体中心工作者要以负责任的态度、开放的心态,全流程做好应急预案,直面问题,及时辟谣,端正社会风气。

(七)做好"媒体+"

县级融媒体中心要形成集约高效的内容生产体系和全媒体传播链条,构建智慧媒体"中枢大脑"。一是提升平台数字化服务水平,建设综合服务型智慧媒体。以大数据技术为支撑,打造内容强大、响应迅捷的智慧媒资系统,启动建设现代媒体会客厅,为融合发展提供硬件、技术支撑。二是拓展"融媒体+"运营服务。推进"融媒体+政务服务商务"深度融合,做好政务传播,推进与部门、镇街、社会资源的合作联动。三是充分发挥服务功能,做好"媒体+"大文章,打造高效多维融媒体矩阵。联合中央级媒体与市级媒体,利用大平台做好地区经济社会发展的宣传工作;联动周边区县级融媒体中心,加强融合发展交流,取长补短,扩大媒体影响力;聚合部门、镇街和社会媒体,统筹全区资源,激发媒体活力,不断扩大媒体服务半径,既唱响主旋律,又当好服务员。四是改版升级媒体平台。把准政治方向与平台属性,明确传统媒体、移动媒体、户外媒体等各媒体平台定位,有步骤地对各媒体平台进行升级改版,着力打造兼具新闻传播、政务沟通、民生服务、商务发展的全新立体传播矩阵,让整体内容布局更加立体化、合理化、时代化,整体设计更为简洁、便捷,为用户带来更加赏心悦目的视听体验和具有新时代特征的内容呈现。

第三节　我国县级融媒体中心建设面临的战略机遇

基层宣传思想文化阵地的建设是党的宣传舆论工作的重要组成部分,

得到了中央、省、市、县四级党委政府的高度关注和重视。随着社会的发展变化,县级宣传思想文化阵地面临着新的挑战和困境。为了适应时代的要求,现代信息技术的应用成为必然的选择,通过推动县级融媒体中心的建设,可以进一步加强和发挥基层宣传思想文化工作的主渠道作用。本节将在梳理县级报纸和广播电视发展历史的基础上,探讨推动县级融媒体中心建设的战略决策给基层宣传思想文化工作带来的机遇。

一、县级报纸的挣扎与整顿

在媒体发展的历程中,报纸作为最早的大众新闻媒介扮演了重要的角色。在广播、电视和互联网出现之前,报纸一直是社会新闻传播领域无可争议的引导者。我们党的报纸一直将宣传党的政策视为一项至关重要的职能和责任。毛泽东非常重视报纸在政策宣传中的重要作用,他在 1948 年 4 月 2 日对《晋绥日报》编辑人员的谈话中强调:"办好报纸,把报纸办得引人入胜,在报纸上正确地宣传党的方针政策,通过报纸加强党和群众的联系,这是党的工作中一项不可小看的、有重大原则意义的问题。"我国的县级报纸作为宣传党的方针政策的最基层报纸,自新中国成立以来经历了风风雨雨的发展历程。整体而言,县级报纸面临着多方面的困境,逐渐式微。

(一)县级报纸的起始与高潮

1. 新中国成立后县级报纸陆续诞生

在新中国成立初期,县级机关报迎来了一个发展的黄金时期。在"一五"时期,全国各地农业合作化运动迅速发展。除了各级党政机关发布的文件外,基层群众获取政策信息的主要途径是报纸。各级党委迫切需要有报纸能够及时传递中央、省、地、县四级政策精神和农村发展新形势,以指导和推动当时的农业合作化工作。

新中国成立后,随着中央和地方的推进,农业生产快速恢复和发展,农村经济展现出蓬勃的活力,这为创办县级报纸提供了良好的财务支持。在这一时期,最早创办的县报是 1954 年临海县委创办的《临海报》。随后,为了满足政策宣传的需要,很多地方的县市相继创办了报纸,几乎达到了"县县有报纸"的程度。

新中国成立初期,县域经济主要以农业生产为主,因此,农业发展状况和农村经济条件是县级报纸发展的重要物质基础。然而,一旦农业生产发生重大波动,报纸的生存条件就变得不容乐观。在1959年至1961年经济社会发展困难的三年时期,农业生产受到了很大影响,县级财力紧张,县报相继停刊。

2. 报纸功能嬗变与县级报纸恢复发展

改革开放热潮兴起于1979年,党和国家的工作重心转向以经济建设为中心。为适应经济社会发展的需要,报纸也开始拓展其功能,不仅从事政策宣传,还提供信息和经济服务,并开始在报纸上刊登广告。党报的运行体制机制改革也开始推行,逐渐引入企业化管理,报业经济逐步兴起。

在这一时期,为了广泛推进农村土地承包制度改革,1979年11月,中共中央宣传部向全国发出通知,恢复县级报纸的出版。到1985年,全国已经有56家县级报纸先行恢复出版,这些县级报纸的办报经验受到全国其他县市的重视和学习借鉴。为促进县级报纸之间的经验交流,中国县市报研究会于1991年在江苏省宜兴市成立。据统计,当时全国已有24个省、自治区共办起了246家县市报。

这一时期的报纸发展对于经济社会的进一步发展起到了重要的推动作用。县级报纸在为基层群众提供信息、服务和经济指导方面发挥了重要作用。随着社会的变革和媒体形态的多样化,县级报纸面临着新的挑战和机遇。

3. 县级报纸的巅峰时期

1992年,邓小平南方谈话的发表掀起了一轮新的改革开放热潮,也为县级报纸带来了第二个发展高潮。邓小平南方谈话发表后的当年,新增了近百家县级报纸,使县市报总数增至200多家;到1993年,增至300余家;1994年,增至460余家;到1998年,已经达到500多家。

这一轮县市报纸的发展高潮源于基层群众参与经济建设的热情高涨,也源于改革开放进程的不断深入,更源于全社会对信息的迫切需求。县级报纸的蓬勃发展确实在农业改革发展、县域经济建设以及社会生活方面发挥了重要作用。它们成为推动县市经济社会发展不可忽视的力量。

县级报纸在这一时期为基层群众提供了及时、准确的信息,增进了社会各界对政策的理解和支持。它们宣传了各级党委政府的决策部署,传达了中央和地方的方针政策,报道了经济发展动态和社会生活变化。县级报纸的存在和发展不仅丰富了人们的文化生活,也为县域经济的发展提供了重要的宣传平台和经济服务。它们成为县市发展的重要窗口和纽带,架起了党委政府与基层群众之间的桥梁。

(二)县级报纸的整顿与规范

2003 年是县级报纸发展高潮与低谷的一个分水岭。县级报纸的快速发展带来了强制征订等问题,增加了农民的负担,引发了不少基展群众的不满。2003 年 2 月,胡锦涛在中纪委第二次全会上对硬性摊派报刊等群众反映强烈的问题做出指示,要求加以解决。随后,2003 年成为县级报纸的整顿之年,先是中央下发《中共中央办公厅、国务院办公厅关于进一步治理党政部门报刊散滥和利用职权发行,减轻基层和农民负担的通知》,对全国报刊开展整顿,要求中央和国家机关层面的部委报刊实行管办分离,省地市级层面的党政组成部门不许办报刊,县级报刊则基本停办。接着,中纪委、中宣部、农业部、新闻出版总署等四部委联合召开专题会议,部署治理党政部门报刊散滥,利用职权发行等问题,以减轻县域基层特别是农民的负担。到 2003 年年底,共计 261 家具有全国统一刊号的县报被注销。

(三)县级报纸的现状

对于县级报纸的整顿并非一刀切,而是根据实际情况采取不同的处理方式。处理原则主要包括三条:第一,考虑历史沿革。第二,考虑面向少数民族且确有需求的情况。第三,考虑报纸是否有一定的经济基础和条件,以免给农村带来过多负担。

为了适应形势的发展,省级党报集团或地区党报采取了一些措施,例如有偿兼并或者将县级报纸改为地市细分版。截至 2004 年,全国范围内剩下 54 种县级报纸,其中浙江 16 家,江苏有 12 家,而有 13 个省区市只剩下不到 5 家县级报纸,其他省市已经取消了县级报纸。

进入 21 世纪以来,随着我国进入了互联网时代,新媒体平台如"两微一端"等不断兴起,人们获取国家和地方新闻时政信息的方式和渠道变得更加方便多样。在这种背景下,县级报纸作为宣传和论述的阵地的价值进一步下降,已经不再需要投入过多的时间和精力去维持。与此同时,现存的县级报纸面临着更加艰难的生存环境。因此,更加可行的做法是进一步缩减、调整和转型。到 2016 年,全国范围内只剩下 19 种县级报纸,其中只有河北、山西、内蒙古、辽宁、浙江、江西、湖北、青海、西藏九个省和自治区还有一小部分县报,其发行量和印刷数量也相对较少。

二、县级广播电视发展困难重重

1983 年中央提出了"四级办广播电视"的方针,为基层广播电视事业的发展提供了机会,各地纷纷开设了市县级广播电台和电视台。然而,随着县级广播电台的实际运营,一系列问题逐渐浮现,包括重复建设、难以有效管理和经费紧缺等。尤其是随着互联网的出现,县级广播电视发展面临着巨大的困境。

(一)县级广播电视影响力下降

广播电视业在县级范围内的广泛发展带来了一些问题,其中重复建设、重复播出和重复覆盖等问题逐渐凸显。这主要由于基层新闻资源相对有限,广播电视从业人员的专业水平不足,很难提供长时间、高质量的节目。这导致许多广播电视台存在自制节目数量不足、内容单一、画面质量低下、新闻播报频率低、广告过多以及盗版问题严重等一系列问题。这种情况引起了国家广电部门的重视。

为了解决广播电视乱象问题,国家广电部于 1997 年 4 月召开了全国有线电视台台长会议。在会上,广播电影电视部部长、党组书记孙家正对广播电视乱象问题做出回应。一方面,明确规定了广播电视台的举办权限,规定有线电视台只能由广播电视部门建设开办,并要求企事业单位的有线电视站必须统一进入当地行政区域的有线网络。另一方面,要求县级广播电视台实行"三台合一",即将广播电台、电视台和有线电视台合并为一家机构,不再单独设立有线电视台。

同年 8 月,广电部发布了《关于县(市)广播电视播出机构合并的意见》和《企事业有线台改为有线广播电视站的意见》,要求各地在 1997 年年底前完成"三台合一"和企事业有线台联网工作。截至1998年4月,广播电视业的治理工作基本解决了重复设台和非法建台的问题,广播电台和电视台数量从1997年的2286个减少到645个。

这些措施使得广播电视行业的组织结构更加合理化,避免了资源的重复浪费和不规范的现象。同时,也为广播电视业的管理提供了更加坚实的基础,有助于提高广播电视节目的质量和服务水平,更好地满足广大观众的需求。

(二)县级广播电视宣传功能难以发挥

1.广电信号难以做到全覆盖

1998年初,国家广电部门首次提出了"村村通"工程,该工程随后被纳入国家发展规划,得到了中央和地方大量资源的支持和投入。仅在2002年至2007年,中央财政对广播电视的拨款就达到了155亿元。尽管投入了巨额资金,但实际上,广播电视信号在实现"村村通"和全覆盖方面仍面临困难。例如,2005年,广电总局副局长张海涛在一份报告中指出,全国共有7万多座发射台和转播台,其中98%集中在市县一级的广电部门,难以满足农村广大地区的信号覆盖需求,并且覆盖率呈下降趋势。他还表示,中央、省、市、县四级广电部门在计划经济条件下形成的责任、权力和利益划分已经越来越不适应现实形势,各级之间的矛盾日益凸显。

2.挤占频道频率资源

1998年,中央人民广播电台接到了许多听众的来信,抱怨无法收听中央人民广播电台的节目或者收听效果不佳。主要原因有:地方电台延误、不完整或者不转播中央电台的节目;有些境外电台的收听效果要好于中央电台,因为中央电台的发射功率较小,受到较大的干扰,收听效果不佳;中央电台的频率被当地电台占用,覆盖范围受限;等等。这种情况引起了中央的关注和重视,中宣部和广电总局相继采取了一些措施来加以治理。到了2001年12月,广电总局发布了《关于全面推进市(地)、县(市)广播电视播出机构转变职能工作的通知》,明确规定市县广播机构的主要任务是转播中央和省级的广播电视节目,调整本地节目频道数量和职能,并逐步对县乡广播电视进行集中管理,等等。市级广播电视台播出职能的转变和节目频道数量的减少表明自 1983 年起实施的四级办广播电视政策被废除了。

(三) 县级广播电视经营困难

随着县域互联网普及率的不断提高,基层群众,尤其是年轻人,更多地通过互联网获取信息和享受文化娱乐服务。这也是快手、拼多多、趣头条等下沉市场巨头崛起的重要原因之一。然而,这种趋势也导致传统媒体,如广播电视,逐渐失去年轻人的关注。县域用户,特别是年轻的活跃用户,不断流失,这对基层广播电视业务造成了萎缩的影响。由此带来的广告收入减少和财政投入缩减,使得县级电台和电视台的生存状况变得更加困难,难以达到收支平衡。

三、县级融媒体中心建设迎来战略机遇

在县级报纸几乎停刊的情况下,县级广播和电视台也面临着严峻的发展困境。这导致基层宣传思想文化工作,尤其是基层舆论阵地面临丧失的挑战。在开展思想宣传工作时,县级党委和政府缺乏有效的宣传平台和舆论引导手段。县级层面是不能没有媒体的,但也不能回到过去,重新走建设县级报纸、广播电台和电视台的老路。为此,中央决策部署加快建设县级融媒体中心,为县级媒体的发展开辟了新的空间。

(一) 经济社会发展重心转向基层

基于基层政权稳定、国计民生和国家长治久安等根本性考量,解决农村问题是至关重要的。党的十九大做出了实施乡村振兴战略的重大决策,这是新时代我国农村工作的总抓手。为了推动这一战略的顺利实施,2018 年 1 月,《中共中央 国务院关于实施乡村振兴战略的意见》正式颁布实施,而这个战略及其相关政策成功落地的关键取决于县域基层。具体来说,需要基层党委和政府准确领会并认真贯彻这一战略,同时也需要基层人民群众对政策的理解支持以及充分运用。

好政策要宣传好。对于国家出台的好政策,我们需要确保群众能够全面认识和深刻理解。而这关键在于政策是否真正传达到位,群众是否能够理解其核心内容和重点政策。在新中国成立初期,党和政府主要通过报纸和广播向广大人民群众广泛宣传党的方针政策。在改革开放初期,以经济

建设为中心的方针政策迫切需要让全国人民知晓,报纸再次成为基层宣传的重要工具,广播电视也得到广泛普及。进入 21 世纪,互联网已经在基层得到普及,特别是智能手机基本上人手一部,通过互联网可以快速将党和政府的重要政策和民生措施进行宣传,让群众能够快速了解和掌握。随着互联网传播形式和表达方式的日益丰富多样,我们可以针对不同基层群众开发有针对性的政策宣传产品。例如,通过音视频的方式可以解决部分人群对文字信息的理解困难,通过本地化的语言可以增加宣传的吸引力,通过通俗易懂的表达方式可以增强群众对政策的理解力。总之,要善于利用互联网和新媒体的优势,创新宣传手段,确保好政策能够广泛传播,让群众真正受益。

(二)媒体融合发展重点转向县域基层

自党的十八大以来,国家高度重视媒体融合发展,并多次强调传统媒体必须强化互联网思维,不能固守传统,而是要勇于改革创新,充分利用信息革命带来的成果,加强传播手段的建设和创新,积极发展各类新媒体。中央大力推动传统媒体与新兴媒体的融合发展,并相继出台了一系列政策举措,有力地推动了传统媒体向新媒体的转型发展。

面对信息技术革新的冲击,中央和各省市的传统媒体也已经以行动做出回应,即拥抱互联网和新兴技术,勇于变革和创新,走出了一条媒体融合发展的新路。这是中央和各省市传媒发展的方向,当然也是县级媒体发展的方向。县级媒体应该抓住国家大力支持新媒体和全媒体发展的有利时机,积极利用互联网等新兴技术,找到新的发展路径。

2018 年 11 月 14 日,中央全面深化改革委员会审议通过了《关于加强县级融媒体中心建设的意见》。这一意见的出台标志着加强县级融媒体中心建设已经成为党的决策部署,将成为宣传思想文化工作的重要方向之一。这意味着县级媒体在融媒体发展方面将获得更多的支持和重视。通过建设融媒体中心,县级媒体将能够整合资源、拓展传播渠道、提升传播能力,为宣传党的方针政策、传递正能量、服务基层群众发挥更加重要的作用。

1.巩固壮大县域基层主流思想舆论势在必行

在当前县级媒体发展形势下,加强县级融媒体中心的建设,整合县级媒体资源,并发挥中心的舆论宣传主旋律和主渠道的作用,对于巩固和壮大县域基层的主流思想舆论至关重要。

随着新时代的新任务和要求,县级融媒体中心的建设变得尤为重要。县级融媒体中心作为县级媒体的核心枢纽,能够整合各类媒体资源,形成协同合作、互相支持的格局。通过整合资源,县级融媒体中心能够更好地发挥舆论宣传的主导作用,传播党和政府的方针政策,宣传正能量,推动社会主义核心价值观的传播,促进县域基层的发展和进步。

县级融媒体中心还应成为主要舆论宣传的主渠道,以多样化的媒体形式和手段,覆盖广大群众。通过传媒多元化,包括传统媒体和新兴媒体的结合,中心能够满足不同群体的需求,提供丰富多样的信息内容和服务。这样,县级媒体将能够更好地引导和塑造主流思想舆论,增强基层社会凝聚力和向心力。

加强县级融媒体中心的建设对于县域基层的发展具有重要意义。它能够推动信息传播的快速、准确和广泛传递,提高群众对党和政府决策的认知和理解,增强群众对县域发展的信心和参与度。同时,县级融媒体中心还能够为县域经济、文化、社会等各领域的发展提供有力的宣传支持,促进县域内外的合作与交流。

2. 县级融媒体中心建设是一次重要的宣传文化工作体制机制改革

县级融媒体中心的建设不仅仅涉及整合县级媒体,还需要在机构、人事、财政和薪酬等方面进行全面改革和优化调整,以推动媒体融合发展在县域基层得到深入推进。需要注意的是,县级媒体的发展并不仅仅关乎资本属性,无论是民营新媒体还是政府控制的新媒体,都需要进行调整和优化。在县级融媒体中心的建设过程中,经济效益可以作为发展目标之一,但社会效益必须放在首位,坚守社会责任。因此,在建设过程中不能只关注建设本身,还要同时注重管理,采取同步进行、双管齐下的策略,以确保发展与管理相互促进、协调发展。

3. 全国各地县级融媒体中心建设热潮兴起

2018 年,县级融媒体中心的建设在全国范围内迅速展开,并引起了业界的广泛关注。北京市率先行动,带领各区级媒体融合发展步伐走在全国前列。例如,延庆区在 2018 年 6 月 16 日成立了融媒体中心,随后的一个多月时间里,朝阳区、顺义区、房山区和海淀区等全市的 16 个区级融媒体中心相继挂牌成立。其他省区市也加大了对县级融媒体中心建设的力度。例如,湖南日报社于 2018 年 7 月 6 日启动了浏阳融媒体中心的建设,而西安市蓝田县的融媒体中心则于 8 月 12 日正式挂牌运营。

为了加快县级融媒体中心的建设进程,中宣部作为党的意识形态主管部门迅速采取行动,推动了中央有关加强县级融媒体中心建设的意见,并于 2018 年 9 月在浙江省长兴县召开了全国县级融媒体中心建设现场推进会。在会上,中宣部提出先行启动 600 个县级融媒体中心的建设,并计划到 2020 年基本实现全国范围内的覆盖。可以预见,县级融媒体中心将迎来一波建设热潮,成为推动媒体融合发展的重要力量。

(三)媒体融合发展业务重点转向"媒体+"

2019 年 1 月 15 日,中宣部和广电总局联合发布《县级融媒体中心建设规范》和《县级融媒体中心省级技术平台规范要求》(以下合并简称"两个《规范》")。《县级融媒体中心建设规范》明确提出,要按照"媒体+"理念,从单纯的新闻宣传向公共服务领域拓展,开展"媒体+政务""媒体+服务"等业务,面向基层群众提供多样化的综合服务,满足用户多样化的信息需求,提供政务服务、生活服务、社交传播、教育培训等基层群众需要的服务,同时增强双向互动性,从单向传播向多元互动延伸。《县级融媒体中心省级技术平台规范要求》对省级技术平台和县级融媒体中心的技术平台建设架构做了设计和规范,供全国各地在具体实践中参考。

1. 两个《规范》的重要价值

两个《规范》的出台对推动县级融媒体中心的规范化、制度化、标准化建设与发展具有重要指向性、引导性作用,具体体现在以下五个方面。

一是架构清晰、逻辑严密。两个文件对县级融媒体中心建设的技术架构、内容架构、系统架构、安全架构等的阐述清晰明了,逻辑自洽严谨,令人一目了然。

二是内容丰富、功能齐全。两个文件内容丰富齐备,囊括县级融媒体中心建设的涵盖内容、服务类别、功能设置等,充分回应了当前融媒体的发展现状和县域基层的实际业务需要,特别是对满足基层群众在互联网应用上的各类服务需求做了详细规定。

三是软硬结合、兼收并蓄。两个文件详细规定了县级融媒体中心建设所涉及的相关软件技术和硬件设备建设标准,包括对相关技术用房等都做了具体规定。特别值得肯定的是,两个文件吸收了当前信息技术发展的前沿技术成果,吸收了体制内外的机构研究成果和实践成果的优点,具有相当的包容性、可扩充性。

四是统一规划、灵活适用。统一性体现在省级技术平台的建立上,有利于各省区市整合省内资源,共同建设,提升资源效率和整体效应,减少县城地区的技术架构建设负担。灵活性方面,开设县域技术接口,有利于县一级发挥本地特点和优势,机动、灵活地根据本县具体情况开展融媒体内容建设。

五是通俗简洁、便于执行。两个文件的文本语言通俗易懂,将传统媒体工作人员不太熟悉的技术阐述得相当简明,这对于县级融媒体中心的具体建设要求和标准的落细落实落地具有重要作用,便于工作人员在具体工作中对照执行。

2. 两个《规范》存在的问题和不足

结合这些年媒体融合发展实践和课题组的实际调研情况,我们认为,两个《规范》文件还存在一些不足和需要改进的地方。

一是两个文件参与起草的主体不够开放,具有非常明显的广电色彩。从参与起草两个文件的单位和机构来看,广播电视系统显然承担主要责任,发挥主导作用。但从媒体融合发展的历程来看,人民日报社、新华社等传统纸媒的媒体融合发展开展得比广电系统早 8～10 年,建设和发展新媒体经验比较丰富,人民网、新华网、东方网、华龙网等中央和地方重点新闻网站比广电系统新媒体的影响力也大得多,应该将其对新媒体的思考认识和建设经验采纳及吸收到县级融媒体中心建设的标准文件中去。

二是省级技术平台技术实现能力面临巨大挑战。广电系统开展媒体融合发展的时间并不长,软件技术储备和人员技术能力能否承担繁重的建设任务,将在很大程度上决定县级融媒体中心建设的成败。20 世纪 90 年代中期,中央外宣办主管新闻媒体上网工作,一开始也要求所有媒体上网要通过国家新闻办的统一技术平台,但实践中遭遇了技术与人才不足的困境,不得不允许各个媒体独立上网。前车之鉴,不可不察。

三是县级融媒体中心建设的主体责任不明确,未明确是省级部门承担县级融媒体中心建设、运营、管理的主体责任,还是县级部门承担主体责任。责任明确涉及投入产出责权利的问题,特别是县一级的主动性、积极性问题。责权利的边界不清晰容易导致各方积极性受挫,阻碍县级融媒体中心的建设步伐和作用的发挥。

两个《规范》的出台是对县级融媒体中心建设的有力推动,但在实践过程中应该及时根据实际问题做出相应的改变和调整,以更好地适应时代变化和基层实际需求。

第四章
我国基层社会治理现代化的历史进程

人类社会的发展离不开基层社会,因为基层社会是人们生产和生活的共同体,人是社会的最基本单元。随着社会的形成,社会管理活动也随之产生。人的自然属性和社会属性决定了人的社会化过程,也决定了社会发展中出现社会问题和问题社会的必然性。为了解决这些问题,社会治理就应运而生。

社会治理的实践活动是在历史长河中形成并演进的。本章将按照三个历史阶段对我国基层社会治理的历史沿革进行梳理。首先是传统时期,即远古时代到 1911 年之间,这一时期的基层社会治理具有独特的特点和方式。其次是民国时期,即 1912 年到 1948 年,这一时期我国基层社会治理经历了许多变革和探索。最后是新中国成立以后,即 1949 年至今,这一时期我国基层社会治理面临了新的挑战和机遇。

通过对基层社会治理历史沿革的宏观梳理,我们可以了解其历史逻辑和实践逻辑,为当前和未来的基层社会治理创新提供规律性和价值性的指导。只有深入研究和理解历史,我们才能更好地应对当下和未来的基层社会治理挑战,推动社会的稳定和进步。

第一节　传统时期的基层社会治理

中国传统社会以农为基、农村为本,农民是社会的核心,农业是经济的支柱,而农村则是人们日常生活和生产的基本场所。历代统治政权都非常重视乡村治理,通过不同的基层治理体制来管理农村社会。乡村治理模式经历了多次变迁和演进。回顾历史可以发现,乡村治理模式主要经历了先秦时期的乡遂制、秦汉魏晋时期的乡里制、隋唐时期的职役制、宋元时期的保甲制以及明清时期的里甲制五个主要阶段。

尽管乡村治理模式在不同时期有所变化,但总体来说,中国传统社会长期以乡里制度和保甲制度为代表的乡村治理制度与中央集权的封建专制制度相互适应。这种制度体系在基层社会治理中起到了重要的作用。通过回顾和总结传统时期基层社会治理的演进历史和基本特征,我们可以为当前和未来加强和创新基层社会治理、推进国家治理现代化建设提供有益的启示。

一、先秦时期的基层社会治理:乡遂制

原始社会是基于血缘和亲族关系的社会形态。由于生产力有限,社会结构主要依靠家庭、氏族和其他血缘关系来组织,社会的控制主要通过传统习俗、家长和族长等维持。在这个社会中,社群以一种民主原则组织起来,没有中央政府的权力,即使有所谓的"政府",也是自治的形式。社会(社群)的管理主要依赖于一种自治的氏族法。

大约公元前21世纪,夏朝的建立标志着国家的产生,中国社会正式从原始社会进入奴隶社会。随着国家的形成,社会管理方式发生了重大变化。原先以血缘为纽带形成的"自治"社会逐渐被以国家强制力为中心,通过自上而下的统治或管理方式的"他治"社会所取代。商朝继承了夏朝的制度,并逐渐建立起完备的宗法制度。周朝取代商朝后,逐渐形成并确立了分封制度。

在基层社会管理方面,西周时期主要采用"乡遂制",也被称为"国野制度"和"什伍制度"。西周王室及其各诸侯国或方国一般实行"国野制度",人们在观念和社会形态上存在"国"和"野"之分。国指的是当时的王畿、都邑或较大规模的居民点,居住在国中的人被称为"国人";野指的是国以外的广大地区,居住在野地的人被称为"野人"。这种制度决定了"国人"与"野人"的阶级属性、政治待遇和社会地位存在着本质区别,同时也决定了国家

按照"什伍制度"的统治模式进行基层社会管理,以维护基层社会的稳定。然而,随着周朝末期诸侯争霸和列国称雄,王朝分崩离析,宗法秩序瓦解,王权时代的社会管理制度也成为历史。

总体而言,在先秦时期,尽管王权具有至高无上的地位,但由于财力、科技等因素的限制,并没有完全实现"普天之下,莫非王土;率土之滨,莫非王臣"的理想境界,国家权力结构的"横向到边、纵向到底"也受到限制。此外,王权也受到宗法制度和地方势力的制约。

在先秦时期,社会管理按照地缘管理的观念,通过专门的社会管理机构和人员,运用国家的强制力进行集中管理,形成了"天子立国,诸侯建家,卿置侧室"的社会管理格局。然而,先秦时期的社会管理制度设计和实践运行,本意是强化和突显王权对地方社会的政治统治和集中管理,但却导致了地方势力的强大,王权受到极大限制,无法实现对社会的高度集中管理。

二、秦汉魏晋时期的基层社会治理:乡里制

秦汉时期标志着中国大一统的中央集权封建制国家的形成,结束了长期的分裂局面。为了巩固统治地位和稳定国家政权,秦朝开始实行郡县制度,并建立了以丞相为核心的中央官僚体制,这标志着官僚政治取代了血缘政治和间接统治方式。西汉时期,在行政体制或模式上略有改变,但基本上延续了秦朝的制度。在社会管理方面,建立了中央、地方和基层三级社会管理体系。中央设有庞大的中央机构,以丞相为核心;地方实行郡县制度,设有郡和县两级地方行政层级;基层设有乡官和亭长,并建立了"乡里制度",作为中央和地方政权在基层社会管理方面的延伸。

换个角度来看,秦汉时期封建王朝的政权结构是建立在基层乡里政权基础上的金字塔式结构。基层政权组织结构的最底层是"什伍",即按照中国传统社会中最基本的社会单元农户家庭建立的社会组织。通过编户齐民和什伍连坐制度,邻里之间实现互相监察和社会管理。在基层社会组织中,"里"是真正的农村基层政权组织。据考证研究,汉代一里的户数最多可达108户,最少为12户。里设有"里正"或"里魁",主要负责推行教化和维护治安。而"乡"则是建立在"里"之上的最高农村基层政权组织。一般按照地

域面积和人口密度两个主要标准设立乡,一乡统辖十个里。据《汉书》记载,西汉共有 6622 个乡、1587 个县,平均每县辖 4 个乡。乡一级基层政权组织设有以"啬夫"为主的乡官体系,主要利用政权力量来有效控制乡里社会,稳固封建统治。

魏晋南北朝时期,由于政权更迭频繁,社会管理制度呈现明显的过渡性特征。地方层级逐渐过渡为州郡县三级管理体制,即在郡县两级管理的基础上设立州一级行政单位。基层依然采用乡里制度和连坐制度,负责维持社会治安和征收钱粮赋税。为了管理全国人口和基层社会,北魏孝文帝推行改革,效仿《周礼》实行"三长制",即以百姓五家为一邻,五邻为一里,五里为一党,设立邻长、里长和党长。邻长、里长和党长一般由豪门望族中的有才干或有德行之人担任,协助政府进行户口调查、赋税征收和社会管理。

总体而言,秦汉时期建立的专制主义中央集权的社会管理体制奠定了我国两千多年封建社会的基层社会管理基本模式。尽管后来历朝历代对其进行了多次变革,但其基本原则并未发生根本性的变化。

三、隋唐时期的基层社会治理:职役制

隋唐时期是中国封建社会的一个兴盛时期,代表了文明的进步和社会的繁荣。各种社会制度已经相对完备,并对世界,特别是东亚周边国家的封建化进程产生了深远影响。在社会管理方面,基本上保持了中央、地方和基层三级管理的架构。

首先,在中央社会管理层面,隋朝创建了三省六部制,建立了更加严密的组织体系和职权分工更加明确的中央官僚体制。这一中央官制始于隋朝,兴盛于唐朝,并一直延续到清朝末年。

其次,在地方社会管理层面,隋朝积极推行地方行政机构改革,恢复了类似秦汉时期的州郡县结构。隋朝前期实行州县二级制,加强了中央对地方社会的控制;后期改为郡县制,并一直延续到唐朝初期。唐太宗时期建立了"道",逐渐演变为更高一级的地方长官,使地方行政管理逐渐过渡到道州县三级制。这一以道为主的三级制改革实质上是一种以中央集权和分级管理为导向的综合性地方行政管理体制改革,既有利于加强中央集权管理,也

有利于提高国家行政效率。

最后,在基层社会管理层面,隋唐时期,乡官制和乡里制是主要的基层社会管理制度。隋朝初期实行族、闾、保三级制,以家户为最基本的社会单元,逐级建立基层社会管理组织,加强中央对基层社会的控制和资源调配。一般做法是五家为一保,设有保长;五保为一闾,设有闾正;四闾为一族,设有族正。后来废除了乡一级,改为坊和里,但乡官规模大幅缩减且权力逐渐减弱。唐代初期实行乡、里、村三级制,以里正为主,村正为辅。乡一级的管理功能逐渐减弱,安史之乱后乡制已经名存实亡,基本失去了一级组织的管理功能和作用。里和村成为乡里组织的重要一级,其基层社会管理功能不断强化,作用日益凸显。特别是在中国历史上,村作为一级基层管理组织形式正式出现。但总体来看,在中央加强对基层社会统治和控制的大环境下,乡村权力逐渐被上级官吏收回,乡、里之长由纳入正式官秩体系并领取薪俸的乡官转变为职役,失去了原本的权力和地位。在某种程度上,乡官不再是"官",乡制逐步从"乡官制"转向"职役制",乡村社会管理逐渐进入"乡绅自治"模式,即以宗族组织为基础、有绅权的士为纽带形成的乡绅和乡约填补了乡村治理中组织和管理上的空白。

总之,职役制的建立目的在于通过增强专制国家对基层社会的深入渗透,逐步强化中央集权的政治统治。职役制意味着实质上具有自治权的里社制度开始接受官方管制。在职役制的推行过程中,中央集权得到加强,但同时也在一定程度上给予基层社会一定的自治权,以适应基层社会的特殊需求。

四、宋元时期的基层社会治理:保甲制

宋元时期的社会管理制度在基本框架上延续了唐朝的制度,但其中的变化相当复杂。在地方政权方面,初期的宋朝分为州和县两级机构。然而,为了加强中央集权和统治,中央逐渐在州之上设立了路级机构,形成了路、州(府、军、监)、县三级地方政权和行政管理体制,府、州、军、监是同级机构。其中,州基本上等同于秦汉时期的郡,府的地位略高于州,一般设立在首都或陪都,军是行政区域,监多设在矿区。

在基层社会管理方面,总体而言,保甲制逐渐取代了乡里制成为乡村治理的基本模式,但在不同时期也有所变化。北宋初期仍然实行乡里制,乡村设有里,里下设户,里设有里正,户有户长。然而,与唐朝相比,宋初时期的乡里制在规模上有很大差异。宋朝中后期,尤其是王安石变法后,基层乡村行政管理逐渐转向了保甲制。保甲法是王安石变法的重要内容之一,1070年,司农寺制定了《畿县保甲条例制》,规定广大乡村地区的住户,不论主户还是客户,每十户组成一保,每五保组成一大保,每十大保组成一都保。最富有的住户担任保长、大保长和都保长。此举旨在防止农民反抗,节省军费。家庭有两个以上丁口的,每家提供一人作为保丁。农闲时集合保丁进行军事训练,夜间轮流巡查以维护治安。可见,中央对基层社会的控制更加严密。保田制实质上是一种准军事管理的户籍制度,通过编户连坐方式加强对地方的控制。

此外,北宋时期还推行了乡约制度,设立了地方士绅自愿帮助朝廷维持地方道德规范和社会秩序的民间乡约组织。例如,1076年,陕西蓝田的"四吕"创立了《吕氏乡约》,成为中国最早的成文乡约,其中提出的"患难相恤、德业相劝、礼俗相交、过失相规"成为基层民众遵守的行为准则。《吕氏乡约》与当时的官方治理理念相反,采用自下而上的原则,由乡民自发组织,树立了乡村社会行为的共同道德标准和共同礼俗标准。这一标准基本上为后世的乡约制度所继承,对明清时期乡村治理产生了重大影响。治理主要通过构建广义人际关系,涵盖人与人之间的邻里、中央与地方、社区与社区、历史与现实等方面,以在社会成员之间建立有效的管理框架。

元代的乡村治理制度在形式上出现了都图制,实际上是对宋制的继承。据《萧山志》记载,元代"改乡为都,改里为图,自之始"。然而,在朝代更迭过程中,乡村治理官职的设立与废除、组织形式与名称的变化非常复杂。各地根据风俗习惯采用了各种不同的名称,如里、甲、乡、村、坊、保、都、图等。此外,为了发展农业生产,元朝颁布了鼓励农民组建村社组织的法令,以促进乡村风俗的形成。这些村社组织通过处罚来进行管理,还设立了村社学校,对乡村的子弟进行教育。这些举措无疑增加了基层社会的自治色彩和元素。有学者认为,从更完整的角度来看,中国村民自治的历史可以追溯到元明时期。

五、明清时期的基层社会治理：里甲制与保甲制并用并行

明清时期,中国的社会管理制度逐渐走向衰落,呈现出南北两个不同的治理风格和格局:北方乡村制度延续了金元时期的乡里制度和社制度,而南方则受到宋代都保制度的深刻影响。从时间上看,明代乡村治理制度经历了初期的里甲制和中后期的保甲制两个阶段。里甲制是明初时期的一种基层社会行政组织系统和管理制度。以人户为基本单位,规定一里由110户组成,十户为一甲。每年役期,里长负责一里的事务,甲首负责十户的事务。每户都有编制,被纳入徭役皇册系统。里和甲组织设有里长和甲首,负责统计编户、编制役册、催缴钱粮,并担任一些公事。可以看出,里和甲这一基层社会组织实际上扮演着基层政权的角色,里长和甲首是最低级的半官职人员。到了明代中后期,里甲制开始衰落,被保甲制所取代。各地的保甲制度存在很大差异,王守仁的"十家牌"法最为著名:十户为一牌,每户门前放置一小牌,核实后备案报官。规定每天每人拿着牌逐户察看情况,并随时向官府报告。如果有人隐匿,十户连坐。可以看出,明代进一步强化了对农民个人的控制和限制。通过严格的户籍管理制度和完善的基层社会管理体系,加强了农民在土地上的稳定定居,减少了流动,以维护皇权统治和稳定税收来源。到了明代中后期,乡约制度和保甲制度的深度结合不断加强,使得乡村治理结构的自治性逐渐减弱。自治功能在行政理论的渗透下逐渐衰弱。

清朝初期,乡村治理制度基本上延续了明朝的"皇册"和里甲制度。然而,清朝中期,特别是实行"摊丁入亩"赋制改革后,破坏了里甲制度的基础,其弊端日益显现。随后,保甲制度取代了里甲制度,成为基层社会的主要治理方式。清代保甲组织的功能得到进一步加强,除了承担人口管理、互保连坐、治安报警等任务外,还承担了所有地方公务管理的职责,成为发挥行政职能的地方基层行政组织。由此可见,保甲对乡村的控制更加严密,乡村自治的特色逐渐减弱。这也是可以理解的,因为中国传统社会是一个农业社会,国家的财政税收主要来源于农业。财政是国家的命脉,如果没有稳定的

财政税收来源,国家就无法维持。因此,为了持续获取稳定的财政税收,或者说为了保持较强的财政能力,国家必须加强对基层社会的有效控制。

中国历史的演进显示,作为一个以农业为基础、以人民为中心的大农耕国家,历代王朝都高度重视基层社会治理,尤其是乡村治理。鉴于国力、财力和科技等方面的限制,中国的乡村基层社会治理逐渐形成了国家间接控制与乡村社会自治相结合的"双轨政治"模式,即国家适度介入并制定系统性的法律规范,同时也尊重地方性的乡规民约。

"皇权不下县,县下行自治"的观点强调中央对基层的管理程度较低,然而乡村社会始终没有真正发展出成熟的基层自治。中国古代乡村治理的变迁实践揭示了乡村治理的内在规律,即国家政权对乡村社会的治理应适度介入,遵循法律框架,而不应过多限制乡村居民的主体性。同时,乡村治理还应充分考虑乡村社会中体现时代价值与内涵的自然法,例如乡规民约和自治章程等。

可以说,只有通过自治、法治和德治的有机结合来加强和创新基层社会治理,才能既保持活力又维持秩序。国家应该为基层社会提供法律和政策的指导,并充分尊重乡村社会的自治权,让乡村居民参与决策和管理,促进他们对乡村发展的积极参与和责任担当。这样的治理模式有助于促进乡村社会的繁荣与稳定,推动乡村治理的可持续发展。

第二节　民国时期的基层社会治理

民国时期是中国历史上一个动荡而充满变革的时期。随着封建专制统治体制的瓦解,传统的乡村治理体系受到内部变革和外部挤压的严重冲击,乡村基层社会开始引起国家的关注,乡村治理模式逐渐突破传统。

在这个时期,治理的主体、对象以及方式都发生了转变。为了应对20世纪以来日益突出的乡村问题,一些有识之士开始探索乡村社会建设和治理,以积极回应当时的挑战。这种回应主要体现在两个方面,即中国乡村建设运动的展开和地方自治的全面推行。

一、民国时期的乡村建设运动

民国时期的乡村建设运动可以被描述为一种全面改造传统农村的探索模式,旨在以现代化改造乡村政治、农业经济和农民素质。这一运动兴起于20世纪初,随后在二三十年代达到鼎盛。实际上,乡村建设运动及整个农村运动的历史可以追溯到20世纪30年代,尤其是米迪刚父子在河北定县翟城村提出的"村治"理念之后,乡村建设运动进入了高潮阶段。

根据考证研究,当时全国范围内从事乡村工作的团体超过600个,各种实验县(区)相继成立,数量超过1000处,形成了多种形式且各具特色的实践模式。其中影响较大的有翟城村模式(由米迪刚等人提出)、定县模式(由晏阳初等人提出)、邹平模式(由梁漱溟等人提出)、北碚模式(由卢作孚提出)、徐公桥模式(由黄炎培、江恒源等人提出)、宛西模式(由彭禹廷等人提出),以及由国民党和国民政府主导推进的五大实验县(区)模式等。

这些实践模式在乡村建设运动中发挥了重要作用,探索了各自的发展路径。它们在政治、经济和社会领域提出了许多新的理念和实践,例如通过村民自治、农业合作社、农业技术推广、农民教育等方式,致力于改善乡村社会的政治治理、农业生产和农民素质。

(一)"非政府"社会力量主导的乡村建设实验

从早期实践来看,翟城村可以被视为乡村自治的开端和乡村建设的典范。1904年,河北省定县的地方乡绅米鉴三和米迪刚父子选择翟城村作为示范,发起了一系列名为"村治"的活动,包括创办新式教育、制定村规民约、成立自治组织和促进农业经济发展等,以推动乡村建设。推行"村治"的动机主要有两个方面:一是对当时农村社会秩序被破坏所导致的问题做出直接回应;二是根据"农村立国"或通过"村治"实现"国治"的理念来实施"村治"。此外,彭禹廷在河南镇平推行了从绅治到自治的乡村重建,沈定一在萧山衙前村推行了乡村自治等。然而,无论是翟城的"村治",还是镇平的"自卫",或者是萧山的"自治",它们都是基于"要用社会力量促进社会进步"的观念,主要依赖乡村地方领袖或士绅等非政府社会力量,与政府没有直接关系。因此,它们都属于局限于乡村建设的区域实践,形成了各自孤立的"孤岛"效应,既没有扩大的社会影响,也没有形成连锁反应或递进式的社会运动。乡村建设需要从根本上改变孤岛式的"村治"路径,朝着社会运动的方向发展,这是时代所需,也是急需进行的深入持续的社会实践探索和创新。

1927 年之后,乡村建设运动逐渐成为一股社会潮流,在 20 世纪 30 年代达到高潮。乡村建设学派展开了宏大的乡村建设运动,其中最著名的是"定县模式",即晏阳初和中华平民教育促进会在定县、衡山和新都进行的实验;以及"邹平模式",即梁漱溟和山东乡村建设研究院在邹平进行的实验。此外,还有北碚模式、徐公桥模式等。总体而言,由"非政府"社会力量主导的乡村建设实验具有以下主要特点:第一,实验的主体主要是学术团体、大中专院校、民众教育馆等非政府组织以及地方实力派;第二,实验内容涵盖政治、经济、文化和社会四个方面,主要围绕乡村自治、合作社和平民教育活动展开;第三,实践方法主要采用田野调查、设立社会实验区等方式,旨在了解农村问题,改造农村社会;第四,实践的目标是从农村政治自治化和民主化、农业经济企业化和市场化、农民素质知识化和文明化三个方面全面改造中国乡村,以推动整个国家和社会的建设。

当时,这场乡村建设运动引起了强烈的反响,然而从历史的视角来看,这场运动并没有明显改变当时中国乡村社会的状况。此外,由于政局不稳定和战乱的影响,这些努力被迫中断,例如晏阳初坚持了长达 10 年的定县实验,但因战争被迫转移;梁漱溟的山东实验也因日军入侵而突然停止。有些批评者认为,更重要的是其理论上以农为本的错误,即使没有战争的因素,能否持续下去也是个问题。

(二)政府主导的乡村自治实验

在 20 世纪 30 年代,民国乡村建设运动达到了高潮,各地试验县(区)如雨后春笋般不断涌现,呈现出蓬勃发展的态势,然而也出现了真假难辨的情况。国民政府最初对于乡村建设运动基本持不予认可的立场。然而,随着乡村建设运动规模的不断扩大和影响力的增强,政府态度逐渐从最初的不认可转向合作,并将定县和邹平这两个著名的实验区纳入政府主办的首批县政改革实验区。随后,根据《县政改革》和《地方自治改革》的议案规定,山东菏泽、江苏江宁和浙江兰溪也被纳入了县政改革实验范围。其中,江宁和兰溪两个实验县更是由国民政府直接掌控,派遣了中央政治大学政治系和法律系的主任担任县长,以中央政府名义进行乡村自治的实验,内容主要涉及户口调查、土地测量、税收整顿、政制改革、保甲编制、民团或警察局的办理以及自治组织的成立等。这意味着以国民政府为主导的政治力量拉开了乡村建设实验的序幕。

乡村建设的主要措施包括:第一,成立了农村复兴委员会,以在宏观层面上对全国乡村建设进行整体设计、指导和推动。1933 年,国民政府成立了农民复兴委员会,隶属于行政院,下设秘书组、组织组、经济组和技术组。第二,参与了"全国乡村工作研讨会",通过工作研讨和学术交流向参与者灌输政党和政府的政治意图,通过这个"国内从事实地乡建事业者工作讨论团体"来引导全国乡村建设运动。第三,进行了考察和督导工作。政府派遣官员组成考察团对各地的乡村建设实验进行考察和督导,通过向各地实验县(区)提出建议、汇报等方式,明确政治立场和态度,以影响乡村建设的发展。

总结起来,乡村建设在 20 世纪 20 年代后期从小范围的区域性实验逐渐扩展到全国范围,并得到了国家政权的关注。国家政权的态度也由最初的不予认可逐渐转向共同商讨,试图将乡村建设纳入国家建设的整体框架中,以稳定乡村秩序并推动乡村发展。然而,乡村建设运动的推进与政府力量密切相关的两个关键问题,即庞大职责所需的经费和干部队伍建设,政府未能解决,最终导致乡村建设的失败和基层政权的异化。这种异化表现为乡村政权出现了"土劣化"的倾向,或者出现了"营利型经纪人"的现象。

二、新民主主义革命时期中国共产党人的乡村建设实践

中国共产党在新民主主义革命时期成功地开启并推进了乡村治理的重要历史时期。乡村建设对于中国革命来说至关重要,因为农民是革命的基础和动力,而乡村则是中国共产党对传统乡村秩序进行革命性颠覆的对象。在中国革命实践中,中国共产党逐渐认识到乡村建设和乡村治理对于"将革

命进行到底"的重要性。1927 年大革命失败后,中国共产党深入农村开展土地革命,并不断加强农村基层政权的建设。在抗日战争时期,中国共产党在农村抗日根据地推行了以"三三制"为主要特征的基层民主政权建设,为建立最广泛的抗日民族统一战线奠定了社会基础。在解放战争时期,加强农村基层党组织建设和建立乡村民主政权成为中国共产党在农村工作中的两大主要任务。总体而言,在革命根据地和解放区,为了有效地组织农民并加强农村基层政权建设,中国共产党进行了独具特色且灵活多样的基层社会治理实践探索,为新中国的村级管理提供了宝贵经验。

(一)基层党组织领导制度的探索

建立基层党组织对农村社会的领导制度是党有效开展乡村社会治理的重要保障。首先,在体制方面,革命根据地普遍建立了党的基层组织。通过"政党下乡"和"政策下乡"的方式,党组织体系得以延伸和渗透到农村基层,将乡土社会的同质性和松散关联整合为高度组织化的政治社会,为控制乡村社会和获取乡村资源奠定了坚实的组织基础。其次,在运行机制方面,党注重发挥工会、青年团、妇联等组织的功能和作用。通过党的政治领导、思想引领和社会动员,充分发挥这些组织在联系群众、发动群众、组织群众和凝聚群众方面的功能和作用,参与基层政权的建设。最后,在政策方面,党注重运用民主方式。例如,在苏区时期,在江西瑞金建立了中华苏维埃共和国,这是一个与旧政权截然不同、通过民主选举产生的新型人民政权。在抗战时期,按照"三三制"的原则开展乡村政权建设,有效调动了一切社会进步力量积极参与乡村治理,加速了革命战争取得胜利的步伐。

(二)基层政府民主管理体制的建构

党在 1927 年后将工作重心转向农村,开创了一条农村包围城市、武装夺取政权的全新革命道路。在这一时期,农村社会治理的显著特点是乡村基层政权的民主设立和运作方式。无论是"城乡基层苏维埃政权""工农民主政权"还是"抗日民主政权",乡村基层政权的民主化都体现了马克思主义社会管理思想的实质,也是当前加强和创新社会治理的核心要义。

在这一时期,乡村基层政权的民主设置实质体现在政权的来源和组织形式上。党通过农民群众的选举和推举产生基层政权的代表,确保了政权的代表性和民主性。基层政权的组织形式多样,如乡村苏维埃、农民协会、民主自治会等,这些组织不仅代表了农民群众的利益,也为他们参与政治决策提供了平等的机会。

此外,乡村基层政权的民主运作方式也是该时期的亮点。在政权的决策制定和执行过程中注重广泛的群众参与,通过群众大会、代表大会等形式,让农民群众直接参与政治事务的讨论和决策。同时,通过民主选举和评议、民主监督等机制,保障了政权的公正性和透明度。这种民主化的政权运作体现了党的执政理念,强调人民群众的主体地位和参与权利。

这一时期农村社会治理的民主化实践,不仅在当时推动了农村社会的变革和发展,也为今天加强和创新社会治理提供了重要的经验和借鉴。在当前社会治理中,继续坚持民主设置和民主运作,充分发挥人民群众的主体作用,是推动社会和谐稳定发展的关键所在。

(三)法治保障的探索

在新民主主义革命时期,重视法治建设也是农村社会管理体制探索的重要内容。党在这一时期相继颁布了一系列法律法规,如《中华苏维埃共和国宪法大纲》《中华苏维埃共和国婚姻法》《中华苏维埃共和国劳动法》等,有效保障了人民群众的基本权利,为基层社会治理提供了法律依据。

此外,针对传统社会中司法主要为统治阶级服务的问题,党在司法实践中体现了鲜明的人民性和时代性。特别是陕甘宁边区诞生的"马锡五审判方式",成为人民司法的旗帜,典型代表了将群众路线运用于司法审判工作。马锡五在审判方式上改变了传统的"坐堂问案"作风,秉持着"深入农村、依靠群众、调查研究、依法断案"的原则。他常常带着案卷下乡,深入群众,不拘形式,简化程序,就地办案。他坚持在双方当事人自愿的基础上,通过共同协商和调解处理纠纷。马锡五反对主观主义和官僚主义的审判作风,坚持原则,忠于法律,不偏私情,公正办案。这种审判方式体现了"司法为民,执法为公"的理念,与当时的群众诉求和时代要求相契合。它实现了公平、公正和公开,深受人民群众的欢迎。推广"马锡五审判方式"在解放区取得了成功,并在当今仍然具有深刻的现实意义和借鉴价值。它成为推进国家治理体系和治理能力现代化的重要动力源泉之一。

(四)德治实践的承续

在新民主主义革命时期,注重对传统德治思想和礼治规范的时代性价值的发掘,是农村社会管理实践探索的重要内容。这些社会规范包括道德规范、村规民约、市民公约、自治章程、约定性习俗等一系列非正式制度。作为农村社会管理的工具,这些非正式制度与国家法律相互衔接,在农村社会管理和群众日常生活中起着重要的规范作用,也是宣示价值观念和进行社会教化的有效方式。特别是它们往往能够弥补法律的不足、促进家庭和谐、解决邻里纠纷、推动乡村事业发展。

在新民主主义革命时期,中国共产党非常注重对乡村社会中传统德治思想和礼治规范的时代性转变和创造性改造。这样的转变使这些规范更适应乡村社会的整合、基层群众的组织和动员,凝聚广大农村群众的力量,投身于武装斗争和土地革命之中。同时,这些规范也得到了乡村群众的广泛认同,尽管传统行为方式已经失传,但仍然深入人心。例如,基层群众广泛建立的抗日爱国公约、防奸公约等乡规民约,为民主革命的进程做出了重要贡献。这些德治或软法制度,有效规范了村民的行为,调解了乡村社会的矛盾,稳定了乡村社会秩序,并动员了群众力量参与革命斗争。可以说,乡规民约等德治或软法制度在新民主主义革命时期对于规范乡村行为、调解乡村社会矛盾、维护乡村社会秩序、动员群众力量投身革命斗争起到了重要作用。它们为当时的社会管理提供了宝贵经验,同时也对现代社会治理的发展具有重要的启示和借鉴意义。

综上可知,在新民主主义革命时期,党在基层治理方面取得了重要进展。通过各种方式,如"政党下乡""行政下乡""政策下乡""宣传下乡"等,党初步建立了适应新民主主义革命时期的农村社会管理体制,为革命的胜利奠定了重要的社会基础。当然,这一时期的乡村社会管理实践还存在不足之处,需要进一步完善和稳定。然而,无论如何评价,党在农村社会治理体制方面的探索,对于我们当前加强和创新基层社会治理,推进国家治理体系和治理能力现代化具有重要意义。我们应该认真研究并继承创新这一宝贵财富,不断挖掘其实践经验并加以理论升华。这样,我们才能够更好地适应时代发展的需求,推动社会治理向着更加科学、民主、法治、有效的方向迈进。

第三节　新中国成立以来的基层社会治理

在新中国成立70余年的光辉历程中,中国的现代化建设和基层社会治理现代化建设取得了历史性的进展和重大的成就,充分展示了中国特色社会主义制度的显著优势和巨大优越性。这一伟大进程和辉煌成就再次表明,我国基层社会治理现代化建设必须坚持以党的集中统一领导为核心、以人民为中心的发展思想和治理理念,并以建设社会治理共同体为目标的"中国之治"。

根据学术界目前对新中国成立以来社会治理演进过程的主流观点,可以将基层社会治理的演进历程大致划分为三个历史时期和三种治理模式,分别是管控型、管理型和治理型。

一、"管控型"基层社会治理时期(1949 年至 1978 年)

新中国成立初期,面临着国家建设的艰巨任务,政府需要巩固新生政权、恢复国民经济并重构社会秩序。作为执政党,中国共产党面临着如何有效组织基层社会和治理国家的重要难题,其中包括政府治理和社会治理。在一个以农业为基础、经济薄弱的后发展中国家建设社会主义工业国的背景下,没有高度集中的经济和政治制度的支持是难以成功的。为了应对特定的世界格局和国际形势,中国采取了高度集中的计划经济体制和一元化的社会管控体制。

为实现现代国家建设的宏伟目标,党和国家采取了一系列措施加强对基层社会力量的吸纳和对基层社会资源的整合。在城市方面,国家通过计划经济体制、单位体制和街道体制等制度,有效地控制、吸纳和整合社会成员,使城市社会成员紧密依附于单位和街道办事处。在农村方面,国家采取了合作化道路,实行了"三级所有,队为基础"的人民公社体制,并设立了城市与农村对立的二元户籍制度。这种体制既实现了对基层社会的有效组织和资源整合,使之在社会主义现代化建设中发挥最大的作用,又实现了对基层社会的全面控制和资源获取。可以说,从新中国成立到改革开放前的30 年间,我国确立并形成了一个以国家政权为核心,国家、市场和社会三位一体的"总体性社会"模式。这种模式的建立为我国的发展奠定了坚实的基础,同时也带来了许多机遇和挑战,需要我们不断探索和适应社会发展的新要求。

在这一时期的基层治理中,基层政府(如人民公社、街道办事处)和基层组织(如农村的生产大队、生产队以及城市的单位、居委会)承担了主要责任。党政系统和群团组织系统纵横交错,覆盖了城乡基层社会的各个领域和环节。中央或上级具备强大的行政能力和社会动员能力,而基层政府、群团组织和准政权力量则是中央或上级政策执行和实施的"最后一公里",共同解决各种社会问题。

这种体制体现了集中力量办大事的制度优势。然而,这种体制也存在一些问题,如社会活力不足、创造力缺乏以及居民生活水平不高等。因此,国家治理和社会治理的方式需要根据社会发展和群众需求适时进行调整和改变。

二、"管理型"基层社会治理时期(1979 年至 2013 年)

改革开放前,社会治理主要关注秩序和稳定,但这种模式也带来了社会活力不足和城乡居民生活水平不高的问题。1978 年党的十一届三中全会的召开,标志着改革开放的开始。这次会议不仅是我们党进行新长征的重大战略决策,也是我国历史发展的必然要求。

改革开放以来,我们逐渐意识到社会治理需要协调秩序和活力的动态平衡。我们开始注重激发社会的创造力和活力,为个体和社会提供更多发展的空间和机会。我们提倡以人为本,注重保障个人权利和尊严,推动社会公正和公平,努力提高人民的生活水平。

改革开放开启了我国发展的新时代,我们推行了一系列重大改革措施,包括经济体制改革、政治体制改革、文化体制改革等,以推动社会的进步和发展。我们鼓励创新和创业精神,培育市场经济,促进社会各界的参与和合作。同时,我们也加强了法治建设,强化了法律的约束和保障,为社会治理提供了稳定的法治环境。

在国家治理的宏观和整体视角下,改革的根本任务是将党和国家的工作重心转移到社会主义现代化建设上,并通过完善体制机制来充分激发和调动社会的活力和创造力。为了实现这一目标,政治改革和社会变革是必不可少的。我国的改革是循序渐进的,首先从农村经济体制改革开始,尤其是农村土地制度的改革。虽然这一改革看似局限于农村经济领域,但实际上对政治和社会领域产生了重大影响。

农村劳动者获得了经营自主权,可以进城务工和从事经商活动。这使社会中涌现出越来越多的"自由流动资源"和扩大的"自由流动空间",可以说农村基层社会管理基本上摆脱了长达 20 多年的集体管控。在城市方面,国有企业和集体企业进行了市场化改革。虽然这一改革明显改变了部分国有企业长期低效的生产状况,但也导致了一些国企破产倒闭,同时也出现了相当规模的国企员工下岗现象。过去的"单位人"成为被企业抛向社会的"社会人"。与此同时,城镇化进程加快和非公有制经济的快速发展导致大量农村劳动力离开农村和土地,涌向城镇。社会分工越来越精细,形成了规模庞大、成分复杂的"社会人"群体,同时也带来了日益增加和复杂化的社会问题。

总体而言,在这一阶段,原有的"总体性社会"以及由此形成的整体性和平均性的社会利益格局逐步被打破,社会结构越来越分化,多元利益主体开始崛起。在这种情况下,社会领域需要治理,尤其是基层社会领域需要治理,因此对社会管理体制进行适应性改革成为现实中的议程。为了直接应对上述时代问题,国家逐步将对基层社会的治理从"单位体制"和"人民公社制度"转向"街居制"和"乡政村治"等基层社会治理模式。

自 1992 年邓小平提出了"南方谈话"后,我国市场化改革进程迅速加快。全面深化改革的推进不断促使社会异质性增加、不平等程度显著上升、社会矛盾冲突频繁出现等一系列社会性问题,对社会管理的理念、体制、方式和手段带来了巨大冲击。在理念上,我们需要突破传统政府作为社会管控和控制的唯一主体的观念,转变政府的职能,强调和突出政府的服务功能,以吸纳日益增长的市场力量和社会力量。在体制上,我们需要建立注重公共性、社会性和自治性的社会管理体制,取代过去政府主导的社会管控制度。在治理技术和手段上,我们需要改变过去简单依靠自上而下的行政性纵向管理系统,引入市场、社会和自治力量。农村村民自治制度不断完善,城市社区制度开始崭露头角。然而,在这一阶段的社会治理中,政府行政组织仍然处于主导地位,发挥着主要作用,而市场力量、社会力量和自治力量仍然处于附属地位,发挥着补充和弥补的作用,它们的角色还没有从被管理对象转变为协同管理的主体。

为了建立适应社会主义市场经济体制的行政管理体系,1998 年国家开启了改革开放后的第四次国务院政府机构改革,改革着眼于转变政府职能和实行政企分开,首次提出"社会管理"政府职能概念和定位。进入 21 世纪,在经济的快速发展过程中,民生领域的社会问题也在不断积累,并频发频现。2002 年,党的十六大首先把"社会管理"提上政治日程并纳入政府职能之列。2004 年,中共十六届四中全会提出"建立健全党委领导、政府负责、社会协同、公众参与的社会管理格局"的重大战略安排,标志着我国基层社会治理模式由"社会管控"向"社会管理"的正式转型。有学者认为,实际上这已经形成了"社会治理格局"的雏形,但在概念上依然用的是"社会管理"。之后,在党中央历次重要会议中,不断深化对基层社会管理的认识。但是,从发展角度来看,基层社会治理的任务变得更加繁杂和艰巨。改革和创新仍然需要持续跟进才能够更好地适应社会结构全面转型和经济社会快速发展。

三、"治理型"基层社会治理的形成发展时期(2014 年至今)

2008 年国际金融危机的爆发对我国经济带来了不利影响,标志着我国经济发展进入了新常态。这个新常态也意味着中国进入了全面转型和风险共生的时期。社会结构的分化、矛盾风险的增长以及民主能力的提升等因素迫使政府必须切实解决人民群众最迫切、最关注、最现实的利益问题。政府需要解决民众最迫切、最期盼、最担忧、最不满的实际问题,改善民生,维护社会稳定,并促进社会公平正义,建立有效的社会治理。因此,创新社会管理再次成为党和国家政治议程上的重要课题。实际上,党的十八大以来,加强党领导社会治理、健全充满活力的基层群众自治制度、依法治国、依法治理、推行德治建设等成为社会治理的核心内容。特别是 2013 年中共十八届三中全会上,"创新社会治理体制"改革的新思路首次被提出,这是新中国成立以来在党的正式文件中第一次提出"社会治理"概念。从"社会管理"到"社会治理"的转变。虽然只是一字之差,但不只是概念的转换,更是一种治理论的飞跃和改革理念的升华;虽然只是一字之变,但不只是原有社会管理的简单升级,更是社会治理自身的内在逻辑和价值追求。2014 年,中共十八届四中全会进一步提出,要推进多层次多领域依法治理,提高社会治理法治化水平。2015 年,中共十八届五中全会更是强调要完善党委领导、政府主导、社会协同、公众参与、法治保障的社会治理体制,构建全民共建共享的社会治理格局。

　　基层治理的构成要素包括治理体系和治理能力。在基层社会治理体系方面,强调人民的主体地位和多元主体的参与是关键。首先,要充分发挥基层党组织的领导核心作用。党的领导是中国基层社会治理最显著的特点。从中共十八届三中全会到十九届五中全会,中央一直将党的领导作为构建治理型基层社会治理体系的核心。特别是中共十九届四中全会提出健全党的全面领导制度,确保党在各级组织中发挥领导作用,为基层社会治理创新提供了基本遵循。其次,要有效发挥基层政府的主导作用。尽管治理强调社会力量和自治力量的参与,但政府在治理过程中的主导作用仍然不可替代。尤其是在我国社会力量相对薄弱的情况下,政府仍然掌握着政策供给和资源配置等关键权力,其主导地位和作用无法取代。只是政府角色的转变和职能发挥的方式需要改变。再次,要注重发挥基层自治组织的基础性作用。应不断完善充满活力的基层群众自治制度,健全群众参与基层社会治理的制度化渠道。推动社会治理的重心和服务下移至基层,资源下沉至基层。充分发挥自治章程、村规民约、居民公约在城乡社区治理中的积极作用,倡导公序良俗,促进法治、德治和自治的有机融合。2020 年党的十九届五中全会强调要坚持重心下移、力量下沉、资源下投,建立健全富有活力和效率的新型基层治理体系。最后,要统筹发挥社会力量的协同作用。社会力量是基层治理不可或缺的重要组成部分。应大力加强社会组织建设,使其在纠纷调解、健康养老、公益慈善、文体娱乐、邻里互助等公共事务和公共服务活动中发挥协同作用。要充分发挥行业协会商会的自律功能,积极引导社区党政机关、企事业单位、其他社会力量和市场主体参与社区治理。

　　总之,新中国成立70多年,在国家治理格局下进行了基层社会治理的探索。在改革开放前,为推进国家战略,采取了"管控型"基层社会治理模式,强调集中管理。改革开放后,随着社会结构的变化和公社体制的解体,基层社会问题日益突出,治理模式也需要调整。于是,"管理型"基层社会治理模式逐渐崛起,更加注重社会参与和问题解决。进入21世纪,经济社会迅速发展,社会结构日趋多元化,各利益主体积极要求参与基层社会治理。因此,加强和创新基层社会治理成为党和国家的重要议程,形成了"治理型"基层社会治理模式,并在实践中不断完善。回顾70多年的基层社会治理历程,我们可以看到,我国基层社会治理既有继承和延续,也有阶段性和创新性。它既是对不同社会时期主要矛盾变化的回应,也是在不断总结和反思的基础上进行创新的过程。

第五章
基层治理现代化视域下县级融媒体中心建设的问题与困境

第一节　群众媒介素养缺失困境

媒介素养是指人们对各种媒介信息的解读和批判能力以及使用媒介信息为个人生活、社会发展所用的能力。乡村地区的媒介素养问题是基层治理现代化过程中迫切需要解决的重要问题。随着移动互联网的普及，乡村地区对新媒介的使用率不断提高，互联网已经成为人们生活中不可或缺的一部分，与我们的日常生活息息相关。在新媒介的使用率和渗透率日益增加的今天，很难有人能够脱离这些新媒介而独立生活在社会中。我们对媒介的依赖程度越来越高，然而，在广大乡村地区，人们对新媒介的认识、理解和利用还存在许多偏差，尤其是乡村居民的媒介素养水平普遍较低。

在当今信息爆炸的时代，各种信息在网络平台上无处不在。现代人类在新媒体的发展过程中，已经逐渐难以抗拒其带来的压倒性影响。互联网时代的到来，让信息数量呈几何级增长。互联网使信息发布权更平等，传播权进一步下放到普通受众手中。在每个人都可以成为自媒体、每个人手中都握着麦克风的时代，我们的生活被繁杂的信息所笼罩，试图独善其身、脱离信息化的生存已变得不切实际。与此形成鲜明对比的是，普通民众并未形成良好的媒介素养，对于信息的接收、利用和解读等方面仍存在许多偏

差,具体体现为:

一是缺乏对信息真实性的基本判断。在当今充斥着各种信息的网络时代,民众的视线被形形色色的信息所填满。要判断信息的真实性,人们需要具备一定的文化水平,并且对新媒体传播特点有所了解和掌握。根据中国互联网络信息中心(CNNIC)发布的《中国互联网络发展状况统计报告》,截至 2023 年 6 月,我国拥有 10.79 亿网民。其中初中学历的网民占比最大,是我国网络生态中的主要力量。由于受限于文化程度,他们对信息真实性的判断存在一定困难。根据选择性理论,我们可以了解到,人们倾向于选择与自身情况相近、与自身认知相符的信息,而这种情况在网络空间更为突出。他们缺乏对事物的理性客观判断,往往以主观方式评判信息的真伪,这是网民媒介素养不足的典型表现。这也造成了当前网络治理面临的主要难题之一,即如何应对谣言和流言的泛滥。通过对网民文化程度的解读和分析,我们可以发现,这部分网民最容易受到虚假信息的蒙蔽,同时也最容易成为虚假信息的传播源或媒介。

目前我国网络空间治理中,针对谣言和流言的治理手段主要集中在严格控制信息输出,即在信息产生的关键环节加强审核。尽管做好这一关卡可以减少虚假新闻的输入,但信息的传播还涉及选择、加工和重新构造的二次传播环节。在信息传播的过程中,很容易受到噪声的影响,仅仅做好信息审核无法确保信息在传递给受众时的真实性。因此,应该采取双管齐下的策略,进一步加强民众的媒介素养。不仅要授人以鱼,更要授人以渔,让民众具备辨别信息真伪的能力,才能为网络空间治理提供源源不断的内生动力。通过提高媒介素养,人们能够更加理性地对待信息,主动辨别真假,从而减少虚假信息的传播和影响。只有在全社会共同努力下,才能建设一个健康、清朗的网络空间。

二是信息传播的三俗化倾向尤其严重。自媒体的兴起带来了一种雅俗共享的现象,进一步丰富了人们的文化娱乐生活,但同时也给低俗化的信息传播提供了机会。当前网络上存在大量低俗化的信息,与社会主义核心价值观严重背离,对主流价值观造成了损害。这些信息传递了拜金主义、淫秽色情、血腥暴力等不良价值观和审美取向。在网络上进行赌博、淫秽色情等非法行为更具隐蔽性,给基层治理带来了困难。近年来,网络诈骗、非法网贷等新型网络违法现象给网络空间带来了更多不稳定因素。在严厉打击违法犯罪行为的同时,也应加强对普通民众的教育和科普,让人们深入了解网络,了解网络传播的特性,掌握网络传播的规律,正确认识网络传播平台,培养良好的媒介素养和使用网络的习惯。

通过加强教育和科普,人们可以更好地辨别网络中的不良信息,提升对网络传播的理解和认知能力。同时,针对不法行为和违法现象,需要加大打击力度,保护网络空间的健康和稳定。通过引导人们正确使用网络、理性判断信息,培养积极向上的网络文化,建设一个更加清朗、积极向上的网络空间。

在互联网时代,提升民众的媒介素养是提高基层治理现代化水平的重要举措。舆情监测、舆论管控和舆论引导等都是基层社会治理不可或缺的重要环节,也是新媒体时代赋予基层治理的新任务。社会治理需要新的媒介手段和技术基础,加强民众的媒介素养就等于增强网络的自我净化能力,提高网络舆论生态对抗风险的能力。

然而,当前媒体的专业素养与现代化社会治理的要求相距甚远。在信息化的时代,媒体作为社会治理的重要工具,其重要性日益凸显。提升媒体水平就意味着提升现代化社会治理水平。

第二节　媒体资源分配不均衡的挑战

在县级融媒体中心建设中,媒体资源的分配不均衡是一个突出的挑战。这种不均衡主要体现在媒体资源的集中和分散两个方面。一方面,少数县级融媒体中心由于地理位置优势、经济实力或政府支持等因素,获得了更多的媒体资源,包括新闻报道权、采访权限、专业人才等。这使得这些中心在新闻报道和信息传播方面具有较大的影响力和话语权。另一方面,大部分县级融媒体中心由于地域偏远、经济条件有限或政策支持不足等原因,面临着媒体资源匮乏的困境。

首先,地理位置差异造成资源分配不均衡。比如,某个县位于经济发达的沿海地区,由于地理位置优越,吸引了大量的投资和企业。在这种情况下,媒体资源往往会集中在该县的融媒体中心,这包括更多的专业记者、新闻摄影师和编辑人员。他们可以充分报道当地的经济发展、科技创新等新闻事件,提供高质量的新闻内容,形成较强的舆论影响力。而相对偏远的内陆县级融媒体中心由于地理位置的不利,可能无法吸引足够的媒体资源,导致报道能力和影响力受限。

其次,经济实力差异导致资源分散。建设融媒体中心通常需要大量的资金投入,涉及平台、技术、服务等方面的建设。一些经济欠发达的县级融媒体中心由于财政预算有限,无法提供足够的资金用于媒体资源的采购和维护。这意味着它们可能没有足够的新闻采编设备,如摄像机、音频设备和照相机,也无法支付高薪聘请优秀的媒体人才。相比之下,一些经济较为发达的县级融媒体中心可以购置先进的媒体设备,并吸引更多的优秀人才加入,从而拥有更多的资源和技术优势。

最后,政府支持度不均也是造成媒体资源分配不均衡的重要原因。目前,县级融媒体中心主要依靠政府拨款作为资金来源。尽管县政府的拨款可以解决部分资金需求,但许多率先建立融媒体中心的基层单位仍需依靠上级单位的资金支持。一些县级融媒体中心由于得到地方政府的大力支持,获得了较多的资金、场地和政策优惠等资源。这些中心可以通过政府资金购买高端设备、聘请顶尖人才,并获得更多的政府新闻发布权和采访权限。相比之下,其他县级融媒体中心可能面临着资金短缺和政府支持不足的困境,无法享受到同等的资源和支持,从而在报道和影响力方面处于劣势地位。

媒体资源分配不均衡的结果之一是信息差异。那些媒体资源丰富的县级融媒体中心能够提供更全面、及时、多样化的新闻报道和信息服务,而媒体资源匮乏的中心则可能只能提供有限的信息内容。这导致了不同地区之间信息获取的差距,进一步加剧了信息不对称和信息孤岛的问题。

媒体资源分配不均衡的另一个影响是舆论格局的失衡。媒体资源丰富的县级融媒体中心通常能够更好地发挥舆论引导和公共舆论监督的作用,对社会事件和问题进行深度调查和跟踪报道,形成有影响力的舆论声音。

相反,媒体资源匮乏的县级融媒体中心往往只能进行简单的报道,无法发挥舆论引导的功能。这导致了舆论格局的失衡,一些重要的社会问题和民生事件在媒体上得不到充分的关注和呼应,可能导致问题无法得到及时解决。

媒体资源分配不均衡还影响了基层治理的公平性。县级融媒体中心在基层治理中扮演着重要的角色,负责报道政府工作、传递政策信息、宣传典型案例等。然而,当媒体资源分配不均衡时,一些地区的政府工作和政策措施可能无法得到媒体的充分报道,从而影响了政策的实施和社会效果的评估。这不仅损害了政府的公信力,也使民众对基层治理的公平性产生怀疑。

为了解决媒体资源分配不均衡的挑战,需要采取一系列措施。首先,政府应加大对县级融媒体中心的支持力度,提供更多的经费和资源支持,特别是对一些资源匮乏的地区进行重点支持。其次,应建立健全的媒体资源分配机制,确保资源的公平、透明、科学分配,避免出现不合理的集中和分散现象。再次,加强媒体人才的培养和引进,提高媒体中心的专业水平和报道能力,以提供更优质的新闻报道和信息服务。最后,可以加强县级融媒体中心之间的交流与合作,通过信息共享、人员交流等方式,促进资源的互补和优势互补。同时,鼓励媒体创新和多元化发展,培养和支持地方新兴媒体的发展,增加媒体市场竞争,推动媒体资源的合理配置。

总之,解决媒体资源分配不均衡的挑战是县级融媒体中心建设中的一项重要任务。只有通过加强政府支持、建立科学的资源分配机制、加强媒体人才培养和引进等措施,才能实现媒体资源的公平、合理分配,提升县级融媒体中心的整体水平,为基层治理现代化提供有力支撑。

第三节　内容、技术与人才短板对县级融媒体中心建设的影响

在基层治理现代化视域下,县级融媒体中心建设面临着内容、技术与人才方面的短板问题,给县级融媒体中心的发展带来了许多挑战。

首先,在内容方面,由于一些县级单位没有真正认识到建设县级融媒体中心的重要性,观念陈旧落后,因此他们并未真正理解新媒体所带来的变革,仍然固守传统媒体的采编评业务,将融媒体中心仅仅视为一种新的内容传播平台,而忽视了融合信息传播、舆论引导、文化传播、政府服务等多重功能。大部分县级融媒体中心仍然只是"搬运内容",几乎原封不动地上传从其他渠道获得的党建党宣内容,对于新媒体技术的利用也相对肤浅,主要停留在视频、音频或图片的阶段,很少有具有导向性、互动性和趣味性的媒介产品。部分县级单位缺乏对融媒体中心未来发展的长远规划,不顾实际情况,盲目效仿其他县市的经验,削足适履。还有一些县级单位将融媒体中心建设当作一项政绩工程,贸然行动而没有深入了解本县的媒体环境,导致生产出来的内容质量差,缺乏针对性,没有达到良好的传播效果,资源被大量浪费。一些记者和编辑没有深入基层的工作经验,导致内容与基层日常生活存在一定的脱节,对民众真正关心的内容,如种植技术、农作物价格、惠民政策等涉及较少,或者出现一些与基层不接地气、不专业的情况,使得党的声音在基层缺失,党的方针政策无法深入人心。

其次,在技术方面,技术落后使得县级融媒体中心无法提供与其他现代媒体平台相媲美的互动和体验,导致受众流失,竞争力下降,从而影响中心在地方媒体市场的地位。技术水平的滞后还导致内容制作和后期处理的质量较差。视觉和听觉效果的不佳会影响受众对内容的接受度和满意度,从而降低传播效果。

在实际的建设过程中,由于县级融媒体中心无法依靠自身力量满足建设所需的技术要求,因此与第三方技术公司合作成为一种普遍做法。然而,这些技术开发商和供应商主要以争夺市场为目的,在系统开发方面缺乏统一的技术标准和规范,导致各自开发的系统功能不尽相同,系统之间存在不兼容的情况。这使得县级融媒体中心的发展面临各自为政、难以互通的局面。有些县级融媒体中心为了实现多种功能,不得不投入双倍资金购买两个以上的技术系统。此外,不同县级融媒体中心的技术无法进行关联,使得各县往往只在本地范围内开展融媒体中心的工作,很难实现与外界和上级的技术对接,无法真正形成畅通的媒体通道。

最后,人才短缺问题一直以来都是县级基层单位在媒体发展道路上面临的巨大障碍。数据显示,尚未建立县级融媒体中心的县普遍面临着人才储备有限的问题,88.9%的县级单位将其视为建设融媒体中心的难点。与传统媒体相比,融媒体是一种全新的媒体形态,多样的呈现方式和多元的传播渠道要求融媒体工作人员具备更为综合和全面的素质和素养。然而,实际情况是,县级基层单位能够提供给专业技术人员的薪资待遇、发展机遇和生活环境等整体条件有限,许多县甚至面临着无法支付广电和报纸媒体从业者薪水的困境。即使某些县已获得县政府的支持并建立了融媒体中心,由于经费有限,对人才队伍建设的投入也微乎其微。因此,仅仅依靠本县的资源很难吸引到高素质的专业人才,这种现象在偏远地区尤为明显。

此外,县级单位对专业技术人才的职业进步和发展道路并不明确,因此即使有融媒体专业人才进入,也缺乏将人才长期留住的机制。部分县级单位缺乏针对人才的专业培训计划,缺乏完善的人才激励机制、培训制度和晋升制度,因此在实际工作中很难长期留住优秀人才。可以说,县级环境对高端人才缺乏吸引力,缺乏专业人才引进制度,以及人才长期发展路径模糊等现实问题,制约了县级融媒体中心吸纳人才和留住人才,使得县级融媒体中心的发展只停留在表面,无法取得实质性的进展。

为了解决内容、技术与人才短板问题对县级融媒体中心建设的影响,需要采取一系列措施。首先,为了内容生产的有效性,各级政府和县级单位应该树立正确的观念,深入调研和规划,注重实际情况,避免盲目效仿,充分发挥县级融媒体中心的多重职能,切实为群众提供优质的媒体服务。其次,政府和相关部门应加大对县级融媒体中心的支持力度,提供资金和技术支持,用于购置先进的媒体设备和软件,并进行必要的培训和技术支持,以提升中心的技术水平。最后,需要加强对媒体从业人员的培养和引进。政府可以设立专项经费,用于培养和吸引媒体人才,提供奖学金和岗位补贴等激励措施,以吸引更多优秀的人才加入县级融媒体中心。同时,可以与高校和专业培训机构合作,开展相关专业的培训和学习活动,提高人才的专业素养和综合能力。

第四节　新媒体兴起对县级融媒体中心
建设的冲击

　　随着互联网和信息技术的快速发展,新媒体在社会生活中扮演着日益重要的角色。然而,新媒体兴起也给传统的县级融媒体中心建设带来了一系列的挑战和冲击。本节将探讨新媒体兴起对县级融媒体中心建设的冲击,并分析其中的原因和影响。

一、传统媒体渠道受限与用户群体流失

(一)传统媒体渠道的局限性

　　传统媒体渠道,如电视、广播和报纸,长期以来在信息传播和新闻报道方面扮演着重要的角色。然而,随着新媒体的兴起和快速发展,传统媒体渠道的局限性也日益凸显。

　　传统媒体渠道在现代社会中面临着诸多局限性。在互联网和新兴媒体的冲击下,传统媒体如电视、广播、报纸等逐渐显现出其固有的不足。这些局限性主要体现在以下几个方面:

1.信息传播速度慢

　　传统媒体的制作和发布流程相对较长,信息发布需要经过采访、编辑、排版、审核等多个环节,不如自媒体那样能够随时随地传播,因此信息的传播速度相对较慢。同时,传统媒体往往无法第一时间掌握信息,致使传播内容有限。

2.用户互动性较差

　　传统媒体的传播形式多为单向传播,缺乏与受众的有效互动。受众只能被动接收信息,而不能参与到新闻信息的生产或讨论中,这降低了用户黏性和参与度。

3. 内容创新不足

传统媒体报道常因思维定式而缺乏创新性,特别是在重大主题报道中的宏大叙事,使得新闻内容显得模板化、僵硬化。这种形式上的陈旧和内容上的单一,难以吸引现代受众。

4. 分发算法限制

在新媒体环境下,个性化推荐算法有时会限制信息的多样性,导致受众阅读视野受限。并且,主流媒体信息容易被算法淹没,降低了新闻公共性的传播效能。

5. 固有优势受冲击

传统媒体的舆论引导力和议程设置能力受到社会化媒体平台的冲击,公众可以在各种平台上自由发声,改变了以往的舆论体系。新形势下,公众所看到的内容取决于个人的关注点,不再是完全由传统媒体设定。

6. 信息获取习惯变化

公众逐渐习惯通过互联网新渠道获取信息,移动化、碎片化、视频化成为主要趋势。例如,微信公众号和短视频平台成为重要的信息来源。而传统渠道如电视、广播则显得较为单一和落后。

7. 传播形式固化

传统媒体在融合发展过程中容易陷入形式上的简单相加,做不到真正融合。例如,一些所谓的"新媒体"仅是文字加图片或视频的拼凑,没有真正做到内容与形式的有机结合。

总的来说,传统媒体在信息传播速度、用户互动性、内容创新、分发算法、固有优势、信息获取习惯、传播形式等多个方面面临挑战。为了适应新的媒体环境,传统媒体必须进行自我革新,提升内容质量和传播效率,加强与用户的互动,探索多元化的传播渠道,并有效利用新技术以更好地服务于现代受众。

(二)新媒体平台的优势导致传统媒体受众大量流失

随着新媒体的兴起和发展,新媒体平台在用户中间具有越来越大的吸引力。新媒体平台以其独特的特点和功能,满足了受众多样化的需求,并改变了传统媒体的传播方式和受众参与模式。新媒体平台对受众的吸引力，就像磁铁一样强大而多元，它们以独特的魅力，紧紧抓住了广大用户的心。

1. 多样化的内容形式更加吸引受众

新媒体平台提供了丰富多样的内容形式，从文字、图片到音频、视频，甚至是直播和互动问答，这些形式满足了不同读者的喜好和需求。通过社交媒体平台，用户可以浏览图片和视频，使信息更加直观生动；通过音频平台和播客，用户可以收听有声报道和专题节目，丰富了信息的呈现形式。这种多样化的内容形式为用户提供了更加丰富的选择，增加了信息获取的乐趣和体验。无论用户是喜欢阅读深度文章的思考者还是喜欢观看短视频的轻松派，都能在新媒体平台上找到属于自己的"菜"。

2. 个性化的内容推荐更能满足受众

新媒体平台注重个性化推荐和定制服务，通过智能算法和用户数据分析，能够根据用户的兴趣和偏好进行个性化的内容推荐。这种个性化的推荐机制使得用户能够更加精准地获取自己感兴趣的内容，提高了信息获取的效率。例如，新闻客户端会根据用户的浏览历史和关注的领域，推送相关的新闻报道；社交媒体平台会根据用户的兴趣爱好，推荐相关的账号和话题。个性化的内容推荐能够更好地满足受众的信息需求，提升了用户体验和参与度。

3. 互动性和参与性的提升增强受众体验

新媒体平台为受众提供了更多的互动和参与机会，打破了传统媒体的单向传播模式。通过评论、点赞、转发等功能，用户可以与其他用户进行互动，表达自己的观点和意见。这种互动性和参与性的提升，使用户不再是被动接收信息的对象，而是可以主动参与到信息传播和讨论中。这种参与感和互动性激发了用户的积极性和参与度，使他们更加投入和关注新闻和信息。

4. 即时性的信息更新更符合受众快餐式信息摄取需求

新媒体平台以其即时性的特点，能够迅速更新和发布新闻和信息。通过新媒体平台，用户可以随时随地获取最新的新闻动态和时事资讯。相比之下,传统媒体渠道需要经过制作、编辑、排版等流程,信息的传播速度较慢,无法满足受众对即时信息的需求。新媒体平台的即时性为用户提供了便利,使他们能够紧跟时代的脚步,了解最新的新闻和热点话题。

　　总之,新媒体平台以其独特的内容形式、个性化的推荐服务、便捷的互动交流和持续的创新发展,对受众产生了强大的吸引力,已经成为人们获取信息、交流思想、放松娱乐的重要场所。新媒体平台的这些独特的优势导致传统媒体受众大量流失。

二、信息碎片化与媒体内容多样化

(一)用户个性化需求的崛起

　　随着新媒体的兴起和发展,用户个性化需求在信息获取和媒体消费领域呈现出日益明显的趋势。传统媒体提供的一刀切的信息供给模式无法满足用户多样化、个性化的需求。用户希望获取与自身兴趣和偏好相符的内容,得到更具针对性和定制化的服务。

1. 个性化需求的背景与原因

　　(1)信息过载和选择困难。随着信息时代的到来,用户面临着海量的信息资源,从新闻报道到娱乐内容,无处不在。然而,用户在获取信息的过程中面临选择困难,往往需要耗费大量时间和精力筛选、过滤和整理。个性化需求的崛起正是对信息过载和选择困难的一种应对机制。用户希望通过个性化服务,获得与自己兴趣相关的信息,减少信息获取的负担。

　　(2)个人化消费体验的追求。在个性化需求的背后,是用户对个人化消费体验的追求。用户渴望获得独特的、与众不同的体验,满足自身个性化的审美和需求。个性化需求的崛起与社交媒体的普及和个人账号的兴起密切相关。用户通过社交媒体平台表达自己的兴趣、喜好和观点,希望获得与自己价值观和兴趣相符的内容和服务。

2. 个性化需求对传统媒体的冲击

　　(1)传统媒体的一刀切供给模式。传统媒体往往采用一刀切的信息供给模式,无法满足用户个性化需求。电视、广播和报纸等传统媒体的节目安排和内容选择由媒体编辑和决策者决定,缺乏个性化的定制。这种一刀切的供给模式导致用户无法获取到与自己兴趣相关的内容,逐渐流失对传统媒体的兴趣和关注。

(2)个性化内容推荐的需求。用户对个性化内容推荐的需求日益增长。在新媒体时代,通过算法和用户数据分析,新媒体平台能够根据用户的兴趣和行为,提供个性化的内容推荐。相比之下,传统媒体无法满足这种个性化内容推荐的需求,用户需要主动去搜索和选择自己感兴趣的内容,增加了信息获取的难度和成本。

(3)用户参与和互动的期待。个性化需求的崛起使用户更加期待参与和互动的机会。传统媒体往往是单向传播的模式,用户只能被动地接收信息,无法对内容进行即时的反馈和互动。然而,在新媒体平台上,用户可以通过评论、点赞、分享等方式与其他用户和媒体机构进行互动和参与。这种互动和参与的机会增加了用户的参与感和满足感,使用户更加投入和关注媒体内容。

3. 个性化需求对县级融媒体中心建设的影响

(1)个性化内容供给的改变。县级融媒体中心在面对个性化需求的挑战时,需要转变传统的一刀切供给模式,提供个性化和定制化的内容。通过了解用户的兴趣和需求,县级融媒体中心可以通过多样化的内容形式和多元化的报道角度,满足不同受众群体的个性化需求。

(2)建立用户反馈机制。为了更好地满足用户的个性化需求,县级融媒体中心需要建立用户反馈机制。通过调查问卷、用户评论和互动活动等方式,收集用户的反馈和意见,了解他们的喜好和需求,为用户提供更加贴近他们兴趣的内容和服务。

(3)创新互动和参与方式。个性化需求的崛起要求县级融媒体中心创新互动和参与的方式,与用户建立更加紧密的联系。通过社交媒体平台、移动应用程序和在线讨论等方式,县级融媒体中心可以与用户进行互动和交流,开展话题讨论、征集意见和举办互动活动,增强用户的参与感和归属感。

(4)强化个人化推荐功能。县级融媒体中心可以借鉴新媒体平台的个人化推荐技术,通过用户数据分析和算法模型,为用户提供个性化的内容推荐。通过了解用户的兴趣、喜好和阅读习惯,提供与其相关的新闻报道、政策解读和社区动态,增强用户的黏性和忠诚度。

个性化需求的崛起对县级融媒体中心建设提出了新的要求和挑战。县级融媒体中心需要意识到个性化需求的重要性,并积极应对。通过提供个性化的内容和服务,建立与读者的紧密联系,县级融媒体中心可以更好地满足用户的需求,提升用户的参与度和满意度。同时,县级融媒体中心也需要不断创新和改进,跟上信息时代的步伐,适应用户个性化需求的快速变化。只有在适应和满足用户个性化需求的过程中,县级融媒体中心才能够在基层治理现代化中发挥更大的作用。

(二)新媒体平台的内容多样性

新媒体平台以其多样性的内容形式和丰富的信息资源,为用户提供了广泛的选择和丰富的媒体消费体验。相比传统媒体,新媒体平台在内容多样性方面具有明显的优势,能够满足用户多样化的兴趣和需求。

1.文字、图片、音频、视频等多媒体形式

新媒体平台通过互联网和移动设备的技术支持,能够呈现丰富多样的内容形式。用户可以通过新媒体平台获取文字、图片、音频、视频等多媒体形式的内容。文字能够提供详尽的文字叙述和深度分析;图片可以通过视觉形象传递信息和情感;音频可以提供有声报道和专题节目;视频能够通过影像和声音的双重传达,呈现更加生动的情景和体验。这种多媒体形式的内容为用户提供了丰富的选择,能够满足用户不同的审美和媒体消费需求。

2.各类主题和领域的覆盖

新媒体平台涵盖了各种主题和领域的内容,从新闻报道到娱乐资讯,从科技创新到文化艺术,几乎涵盖了人们生活的方方面面。用户可以根据自身兴趣和需求,在新媒体平台上选择感兴趣的主题和领域进行阅读和浏览。这种内容多样性使得用户能够根据自己的喜好和需求,获取到与之相关的信息,丰富了用户的媒体消费体验。

3.用户生成内容和社交互动

新媒体平台通过用户生成内容的机制,鼓励用户参与和贡献自己的创作。用户可以通过社交媒体平台、博客、视频分享网站等发布自己的文字、

图片、音频和视频作品,与其他用户分享和交流。这种用户生成内容和社交互动的机制增加了内容的多样性和来源的丰富性。用户可以通过与其他用户互动,分享观点和经验,形成一个充满活力和多样化的内容社区。

4. 个性化推荐和定制化服务

新媒体平台通过智能算法和用户数据分析,能够根据用户的兴趣和偏好,提供个性化的内容推荐和定制化的服务。通过分析用户的浏览历史、点赞、收藏等行为,新媒体平台可以根据用户的喜好和需求,推荐相关的内容和服务。这种个性化推荐和定制化服务使得用户能够更加便捷地获取到自己感兴趣的内容,提升了用户体验和满意度。

新媒体平台的内容多样性对县级融媒体中心建设产生了重要影响。一方面,县级融媒体中心需要充分认识到新媒体平台的内容多样性,并加强与新媒体平台的合作,获取和整合丰富多样的内容资源。通过与新媒体平台的合作,县级融媒体中心可以拓宽内容的来源和覆盖范围,为用户提供更加多元化和多样性的信息服务。另一方面,县级融媒体中心可以借鉴新媒体平台的技术和功能,提供多媒体形式的内容和个性化的服务。通过运用文字、图片、音频、视频等多媒体形式,县级融媒体中心可以丰富信息传播的形式和方式,提升用户体验。同时,通过个性化推荐和定制化服务,县级融媒体中心可以根据用户的兴趣和需求,提供个性化的内容推荐和定制化的服务,增强用户的参与感和满意度。

总之,新媒体平台的内容多样性为用户提供了广泛的选择和丰富的媒体消费体验。县级融媒体中心应充分认识到这一趋势,并与新媒体平台合作,提供多样化、个性化的内容和服务。通过积极应对新媒体平台的挑战,县级融媒体中心可以更好地满足用户的需求,提高县级融媒体中心的影响力和竞争力,为基层治理现代化做出积极贡献。

(三)县级融媒体中心的内容定制化努力

随着新媒体的兴起和用户个性化需求的崛起,县级融媒体中心正面临着内容定制化的挑战。为了满足用户的多样化需求,县级融媒体中心需要努力进行内容定制化,提供符合用户兴趣和需求的个性化信息服务。

1. 了解用户需求和兴趣

实施内容定制化的关键是了解用户的需求和兴趣。县级融媒体中心需要通过各种方式,如调查问卷、用户数据分析和社交媒体互动,收集用户的反馈和意见。通过深入了解用户的需求和兴趣,县级融媒体中心可以有针对性地提供用户感兴趣的内容,满足他们的个性化需求。

2. 多样化内容供给

内容定制化要求县级融媒体中心提供多样化的内容,涵盖各个领域和主题。县级融媒体中心可以通过拓宽信息来源、建立与各行业和部门的合作关系,获得更多的信息资源。同时,县级融媒体中心还可以提供多媒体形式的内容,如文字报道、图片、音频、视频等,以满足用户对多样化媒体形式的需求。

3. 个性化推荐和定制化服务

通过智能算法和用户数据分析,县级融媒体中心可以实现个性化推荐和定制化服务。根据用户的兴趣和偏好,县级融媒体中心可以推送与用户兴趣相关的内容,提供个性化的信息服务。同时,县级融媒体中心还可以根据用户的需求,提供定制化的服务,如根据用户的关注领域定制专栏、定期推送内容等。

4. 加强用户参与和互动

内容定制化需要加强用户的参与和互动。县级融媒体中心可以通过社交媒体平台、在线讨论和互动活动等方式,与用户进行互动和交流。通过用户的反馈和意见,县级融媒体中心可以了解用户的需求和偏好,及时调整内容供给和服务方式,提升用户的参与感和满意度。

5. 创新技术应用

为了实现内容定制化,县级融媒体中心需要借助创新技术。例如,通过人工智能和大数据分析,县级融媒体中心可以对用户行为和偏好进行精准分析,实现更准确的个性化推荐。同时,县级融媒体中心还可以利用移动应用程序和智能设备的特性,提供定制化的服务和体验,满足用户的个性化需求。

县级融媒体中心的内容定制化努力对基层治理现代化具有重要意义。首先,内容定制化可以增强县级融媒体中心的影响力和竞争力,吸引更多的用户关注和参与。其次,通过内容定制化,县级融媒体中心可以提供更加精准和实用的信息服务,满足用户的实际需求,增强用户的参与感和满意度。最重要的是,内容定制化可以促进县级融媒体中心与社区居民之间的紧密联系,加强信息的传递和共享,为基层治理提供更好的支持和服务。

总之,县级融媒体中心应积极努力实现内容定制化,满足用户个性化的需求。通过了解用户需求、提供多样化内容、个性化推荐、加强用户互动和创新技术应用,县级融媒体中心可以提升用户体验,增强对基层治理现代化的贡献。内容定制化的努力将为县级融媒体中心在新媒体时代的发展奠定坚实基础,推动基层治理现代化的进一步提升。

三、信息真实性和可信度的挑战

(一)新媒体时代的信息传播速度

随着新媒体的兴起和发展,信息传播速度成为新媒体时代的一大特点。相比传统媒体,新媒体以其快速、即时的特性,将信息传播的速度推向了新的高度。

1. 即时性的传播特点

新媒体平台通过互联网和移动设备的支持,使信息的传播变得更加即时。用户可以通过社交媒体、新闻网站、视频分享平台等获取最新的新闻、时事报道、娱乐资讯等信息。无论是重大事件的发生还是社会热点话题的讨论,新媒体平台都能够在第一时间传递给用户。这种即时性的传播特点极大地提高了信息的传播效率,使用户能够更快速地了解和获取到所关注的信息。

2. 社交媒体的实时互动

新媒体平台中的社交媒体具有实时互动的特性。用户可以通过评论、点赞、分享等方式与其他用户和内容创作者进行即时的互动。这种实时互动不仅加速了信息的传播,还促进了用户之间的交流和讨论。社交媒体上的话题热点可以在短时间内迅速扩散,引发广泛的讨论和关注。用户可以在社交媒体上即时表达自己的观点和意见,与其他用户进行互动和辩论,形成一个快速、实时的信息传播网络。

3. 信息爆炸和信息过载

新媒体时代的信息传播速度带来了信息爆炸和信息过载的问题。由于信息的快速传播,大量的信息源涌现出来,信息的产生和消费呈现爆炸式增长。用户需要面对海量的信息,选择、过滤和判断哪些信息是有价值的,哪些是可信的,这对用户来说是一项挑战。同时,信息过载也容易导致信息的碎片化,用户只能通过快速浏览和扫描的方式获取信息,对深度思考和理解造成影响。

4. 个人和社会的影响

新媒体时代的信息传播速度对个人和社会产生了深远的影响。首先,个人的信息获取方式发生了巨大的变化。以前,人们需要依靠传统媒体的定时定点的报道获取信息,现在则可以随时随地通过手机、平板电脑等移动设备获取信息。这使个人的信息获取更加便利和高效,增加了信息的多样性和广度。其次,社会的信息传播和舆论引导发生了重大变化。传统媒体主导的信息传播模式受到新媒体的冲击,社会舆论的形成逐渐趋向多元化和分散化。社交媒体平台成为人们表达观点、交流思想和参与公共讨论的重要平台。热点事件和话题在社交媒体上快速扩散,引发广泛的讨论和争议,影响着社会舆论的走向。

然而,新媒体时代的信息传播速度也带来了一些挑战和问题。信息的快速传播容易导致谣言和虚假信息的传播,给个人和社会带来不必要的困扰和误导。此外,信息传播的速度也加剧了信息的碎片化和浅化,人们更倾向于浏览表面信息而不深入思考和理解。

总之,新媒体时代的信息传播速度在很大程度上改变了人们获取和传递信息的方式。即时性的传播特点、社交媒体的实时互动、信息爆炸和信息过载都是新媒体时代信息传播速度的体现。这种速度的提升对个人和社会产生了积极的影响,但也带来了一些挑战和问题。在新媒体时代,个人和社会应当加强对信息的理性分析和判断,同时积极倡导信息的真实性和可靠性,培养正确的信息消费习惯。对于县级融媒体中心而言,要充分认识到新媒体时代的信息传播速度的重要性,加强内容的准确性和可信度,积极与用户进行互动和参与,提供有价值、及时的信息服务,以满足用户对快速获取信息的需求。同时,县级融媒体中心还应注重深度报道和思考,通过专业性的内容质量,提供对事件和问题的深入解读,帮助用户更好地理解和思考。通过努力实现信息传播的及时性和质量性的平衡,县级融媒体中心可以在基层治理现代化中发挥更大的作用,提升信息的传递效率和基层治理的效果。

(二)自媒体和社交媒体账号的虚假信息

随着新媒体的兴起,信息的传播方式和渠道发生了革命性的变化。然而,新媒体兴起也带来了信息真实性和可信度的挑战,其中自媒体和社交媒体账号的虚假信息问题尤为突出。

1.自媒体账号的虚假信息

自媒体账号是指由个人或组织自行创建和管理的媒体账号,通过自媒体平台发布内容。在新媒体时代,自媒体账号的数量和影响力不断增加,但也伴随着虚假信息的泛滥。一些自媒体账号为了追求流量和点击量,故意发布虚假信息,夸大事实或编造谣言,以吸引用户的关注和参与。

2.社交媒体账号的虚假信息

社交媒体账号是指个人或组织在社交媒体平台上创建的账号,通过分享、点赞、评论等方式与其他用户互动。在社交媒体上,一些账号也会故意发布虚假信息,以获取关注和互动。这些虚假信息可能夸大事实、歪曲真相、散布谣言或捏造事件,从而引发争议,吸引用户的关注。

3.虚假信息对县级融媒体中心建设的冲击

(1)破坏信息的真实性和可信度。虚假信息的存在破坏了信息的真实性和可信度,给县级融媒体中心的建设带来了严重的冲击。县级融媒体中心的使命之一是提供真实、准确、可信的信息服务,建立良好的信任关系。然而,自媒体和社交媒体账号的虚假信息使公众对信息的真实性产生怀疑,削弱了县级融媒体中心的公信力和影响力。

(2)影响用户对县级融媒体中心的信任。虚假信息的传播给用户带来了困惑和不信任感。当用户在县级融媒体中心获取到虚假信息后,可能对其产生怀疑,并对县级融媒体中心的信息产生怀疑。这对县级融媒体中心的用户互动和参与产生了负面影响,降低了用户对县级融媒体中心的信任度和忠诚度。

(3)损害县级融媒体中心的声誉和形象。虚假信息的传播不仅影响了信息的真实性和可信度,还直接损害了县级融媒体中心的声誉和形象。一旦县级融媒体中心被误认为发布虚假信息,其公信力和声誉将受到严重的破坏。这不仅对县级融媒体中心的品牌形象产生负面影响,还可能导致社区居民对其产生不信任和质疑,减弱县级融媒体中心在基层治理中的影响力和地位。

4. 应对自媒体和社交媒体账号的虚假信息问题

(1)加强平台审核和管理。自媒体和社交媒体平台应加强对账号和内容的审核和管理。平台应建立严格的审核机制,确保账号的真实性和发布内容的准确性。对于发布虚假信息的账号,平台应采取严厉的惩处措施,包括删除虚假信息、封禁账号等,以净化平台的信息环境。

(2)提高用户的媒体素养和辨识能力。提高用户的媒体素养和辨识能力是有效应对虚假信息的关键。用户应学习如何辨别虚假信息,了解常见的虚假信息手段和特征。通过提高用户的媒体素养和信息素养,培养批判性思维和信息辨识能力,用户能够更好地辨别虚假信息,减少受到虚假信息的影响。

(3)增强县级融媒体中心的信息可信度。县级融媒体中心应加强自身的信息发布质量和可信度。通过严格的信息采编制度和审核机制,确保发布的信息真实准确。同时,加强与公众的互动和参与,建立良好的沟通渠道和互信关系。通过提供真实、可信的信息,县级融媒体中心能够增强用户对其信息的信任,树立良好的声誉和形象。

(4)加强合作与联动。为了有效应对自媒体和社交媒体账号的虚假信息问题,县级融媒体中心应加强与相关机构和媒体的合作与联动。与新闻媒体、政府部门、社会组织等建立合作伙伴关系,共同打击虚假信息,共享资源和信息。通过共同努力,加强监管和监督,形成合力,共同维护信息的真实性和可信度。

5. 解决自媒体和社交媒体账号的虚假信息问题对基层治理现代化的意义

县级融媒体中心作为基层治理现代化的重要组成部分,承担着宣传、服务、沟通和参与的功能。解决自媒体和社交媒体账号的虚假信息问题,对县级融媒体中心的建设和发展具有重要意义。

首先,应对虚假信息问题有助于提升县级融媒体中心的公信力和影响力。通过加强信息的真实性和可信度,县级融媒体中心能够树立良好的形象,提高公众对其信息的信任度,从而增强其在基层社区的影响力和地位。

其次,应对虚假信息问题有助于改善基层舆论环境和社区居民的信息获取。县级融媒体中心作为信息发布的主要渠道,通过提供真实、准确的信息,帮助社区居民了解政策、活动、公共服务等信息,增进社区居民对基层治理的理解和参与。

最后,应对虚假信息问题有助于增强社区居民的媒体素养和信息辨识能力。通过教育和培训,提高社区居民对虚假信息的辨别能力,培养批判性思维和正确的信息消费观念,使他们能够更好地参与社区事务,促进基层治理的民主化和透明化。

总之,自媒体和社交媒体账号的虚假信息问题对县级融媒体中心建设产生了重要的影响。通过加强平台审核和管理、提高用户媒体素养和辨识能力、增强县级融媒体中心的信息可信度以及加强合作与联动,可以有效应对虚假信息问题,提升县级融媒体中心的影响力和作用,促进基层治理现代化的发展。在新媒体时代,县级融媒体中心应积极应对虚假信息问题,为社区居民提供真实、准确、可信的信息服务,推动基层治理向更高水平迈进。

(三) 县级融媒体中心的信息核实与权威解读

在新媒体时代,信息的快速传播和广泛流通给社会带来了众多的挑战和机遇。在县级融媒体中心建设中,信息核实和权威解读是至关重要的环节。本部分将详细阐述县级融媒体中心在信息核实和权威解读方面的重要性,探讨如何有效开展信息核实和提供权威解读,以提升县级融媒体中心的影响力和公信力。

1. 信息核实的重要性

（1）提高信息准确性。信息核实是确保信息准确性的关键步骤。在新媒体时代，虚假信息的泛滥给用户带来了误导和困惑，因此县级融媒体中心在发布信息之前必须进行充分的核实。通过信息核实，县级融媒体中心可以提高信息的准确性，避免传播虚假消息，确保用户获得真实可信的信息。

（2）增强信息可信度。信息核实可以增强县级融媒体中心的信息可信度。县级融媒体中心在信息核实过程中，通过查证、采访、调查等手段获取多方面的信息，确保信息的真实性和客观性。这样可以建立起用户对县级融媒体中心的信任，提高信息的可信度，进而增加用户对其信息的接受度和传播度。

2. 权威解读的重要性

（1）解读复杂信息。在信息爆炸的时代，各类信息层出不穷，用户面临着大量信息的选择和判断。县级融媒体中心作为权威的信息发布机构，具备解读复杂信息的能力。通过对重要信息进行解读和分析，县级融媒体中心可以帮助用户理解和把握信息的背景、内涵和影响，提供更全面、深入的信息服务。

（2）消除信息误解和偏见。信息的传播往往伴随着主观偏见和误解，容易引发社会争议和分歧。县级融媒体中心的权威解读可以消除信息的误解和偏见，提供客观、中立的观点和解释。通过权威解读，县级融媒体中心可以帮助用户理性对待信息，避免盲目相信和传播不准确的观点，减少信息带来的误导和负面影响。

3. 有效开展信息核实和提供权威解读的策略

（1）建立信息核实机制。县级融媒体中心应建立完善的信息核实机制。这包括设立专门的核实团队或岗位，负责信息的查证和采访工作。同时，与相关部门和专家建立合作关系，获取权威的信息源和专业意见，提高核实的准确性和权威性。

（2）加强信息采访和调查能力。信息核实需要掌握一定的采访和调查技巧。县级融媒体中心应加强信息采访和调查能力的培训，提高工作人员的专业水平和素质。通过深入采访和调查，获得第一手资料和权威观点，提供更全面、准确的信息。

（3）提供权威解读和专家意见。县级融媒体中心应建立与专家、学者和政府部门的合作机制，邀请他们提供权威的解读和专业意见。通过专家的解读，县级融媒体中心可以为用户提供更深入、全面的信息分析和解读，增强信息的权威性和可信度。

（4）注重信息传播的及时性和互动性。信息核实和权威解读需要及时传播和互动。县级融媒体中心应借助新媒体平台，通过即时发布、互动评论等方式，迅速传递核实后的信息和权威解读，与用户进行互动和沟通。这样可以及时纠正误解、回应疑虑，增强信息的及时性和参与性。

4. 信息核实与权威解读对基层治理现代化的意义

信息核实与权威解读对于基层治理现代化具有重要意义。首先，信息核实和权威解读能够提供准确、可信的信息支撑，为基层治理决策和政策制定提供科学依据，提高基层治理的精准性和效果。其次，信息核实和权威解读有助于加强基层舆论引导和社会稳定。通过准确的信息核实和权威解读，县级融媒体中心可以引导公众形成正确的舆论导向，维护社会的稳定和和谐。这对于基层治理的顺利进行、社会的发展和进步具有重要意义。最后，信息核实和权威解读有助于增强公众对基层治理的理解和参与。通过提供准确、权威的信息，县级融媒体中心可以帮助公众更好地了解基层治理的政策、措施和成果，促进公众的参与和共建共治。这对于实现基层治理的民主化、透明化和依法治理具有重要推动作用。

信息核实与权威解读是县级融媒体中心建设中的重要环节。通过加强信息核实的准确性和可信度，提供权威的解读和专家意见，县级融媒体中心能够增强信息的权威性和可信度，提升自身的影响力和公信力。同时，信息核实与权威解读对基层治理现代化具有重要意义，能够提供准确的信息支撑，加强舆论引导和社会稳定，促进公众的参与和共建共治，推动基层治理向更高水平发展。因此，县级融媒体中心应高度重视信息核实与权威解读工作，加强相关能力和机制建设，为基层治理现代化做出积极贡献。

第六章
县级融媒体中心赋能基层社会治理现代化的路径

第一节　县级融媒体中心助力基层社会治理的方式

　　"治理"与"管理"只一字之差,但它们具有截然不同的内涵。中共十九届四中全会提出了建立"社会治理共同体"的理念,这意味着政府不再是唯一的国家治理主体,社会治理的参与者需要多元化。相应地,社会治理的方式也转变为多元主体合作管理公共事务,协同调配社会资源。参与社会治理的多元主体还将参与更加公平公正的社会利益分配机制和公共资源共享机制的构建,与政府共同承担责任并分享成果。为了实现这一目标,基层社会治理需要大幅提升社会参与度。

　　作为基层传播的重要组成部分,县级融媒体中心的建设对于实现基层社会治理至关重要。县级融媒体中心的存在不仅能够加强基层信息的采集和传播,更能够促进地方事务的公开透明和群众参与,提升基层治理的现代化水平。通过县级融媒体中心的建设,各级政府与民众之间的沟通和互动得以加强,政策宣传和公共服务得以更加精准地传递到基层。同时,县级融媒体中心也扮演着社会监督的重要角色,通过报道和曝光不法行为,推动社会风气的净化和社会正气的培育。

"要扎实抓好县级融媒体中心建设,更好引导群众、服务群众",基于指示要求的建设方向,县级融媒体中心在助力基层社会治理过程中可按以下两个基本路径展开工作:信息传播和公共服务。

一、县级融媒体中心与信息传播

县级融媒体中心在信息传播方面具有重要职能,既要应对媒体融合的挑战,也要助力基层社会治理的发展目标。为此,县级融媒体中心需要在以下方面做出努力:讲好基层故事,优化采编流程,丰富传播形式,传递积极导向的信息,实现舆论正向引导。

(一)利用接近性优势,讲好基层故事

县级融媒体中心具有与基层群众更近的接触优势,使其在信息传播中扮演着重要角色。为了发挥这一优势,县级融媒体中心应注重讲述基层故事,吸引当地群众的关注,并提升自身的公信力。

长兴传媒集团和邳州银杏融媒体是讲好基层故事的典范。长兴传媒集团关注社区和乡村新闻,充分利用当地的新闻资源,制作的 24 小时电视新闻频道内容全部自主创作,受到当地居民的喜爱。此外,长兴县融媒体中心将严肃的原创新闻、权威报道、深度解读和新闻评论转化为适合新媒体平台传播的形式,易于受众接受。邳州县级融媒体中心也非常注重受众基数的影响力,新闻内容关注点和需求都以群众为中心,坚持制作受众喜闻乐见的新闻节目。

在选题策划会上,邳州银杏融媒体的选题主要来自三个方面:第一,近期的宣传重点;第二,社会关注的焦点,包括来自公安、交通、消防等部门的线索,各部门通讯员的消息,以及网络上的热点事件和话题;第三,是"银杏甲天下"客户端等新媒体终端上的热点,包括回应用户提出的问题和反映的需求。在推进乡村振兴战略的过程中,银杏融媒体策划了"俺村振兴我担当"的系列报道,通过深入村庄和田间地头采访村党支部书记,记录了他们在乡村振兴道路上的努力和贡献。融媒体中心还展开了民意调查,呈现多方意见,增强节目的互动性,为政府科学决策提供智慧。

讲好基层故事需要在信息收集、展示和传播等各个环节下功夫。县级

融媒体中心应加强与基层的沟通与合作,广泛收集基层故事和民意,通过精心策划、编辑和制作,将这些故事生动地呈现给观众。同时,应运用多种媒体形式,包括文字、图片、视频等,提供丰富多样的传播方式,以吸引更多的受众参与。此外,县级融媒体中心还应注重传播效果的评估和反馈,不断改进工作方法和技术手段,提升讲好基层故事的能力和水平。

总而言之,县级融媒体中心通过讲好基层故事,吸引当地群众的关注,并提升自身的公信力。长兴传媒集团和邳州银杏融媒体是成功的案例,他们注重基层资源的利用,制作受众喜闻乐见的新闻节目。县级融媒体中心应在信息收集、展示和传播等方面下功夫,运用多种媒体形式,提供丰富多样的传播方式,以提升讲好基层故事的能力和水平。

(二)优化采编流程,适应治理新要求

县级融媒体中心在推进媒体融合、助力基层社会治理的过程中,面临着采编流程的优化任务。为了更好地引导群众、服务群众,县级融媒体中心可以从以下四个方面优化采编流程。

第一,打破采编部门的运行壁垒,建设一个协同高效的融媒体"中央厨房"。可以采取项目制的方式,孵化出爆款精品内容,实现一次采集多种产品、多媒体传播和全媒体营销。例如,长兴传媒集团就建设了融媒体"中央厨房",推行项目制,以培养爆款产品为目标。邳州广电也成立了融媒体产品实验室,主要生产适应移动端阅读的爆款产品,并通过项目评审委员会和绩效考核机制激励员工的项目创意。

第二,打造全媒体人才队伍。培养全媒体人才需要常态化、多形式的业务培训,并进行薪酬体系的改革。长兴传媒集团实施了"万物生长学习提升计划",与高校建立共同培训制度,培养全媒体人才。同时,实行中层以上干部年薪制,逐步实现科学化、系统化和规范化的人才管理。安吉县新闻集团则通过设立天使创业基金、企业年金制和特殊岗位年薪制等制度,引进优秀人才。

第三,形成内外宣联动机制,善于借助外部力量进行信息传播。可以建立一站式新闻工作综合平台,吸引中央、省市级媒体入驻,并定期召开新闻发布会,接待媒体记者。这样的机制可以拓展当地新闻的传播范围,提升县

级融媒体中心的影响力,为其助力基层社会治理夯实基础。

第四,基于助力基层社会治理的目标,改革内容稿件的评估机制。县级融媒体中心的内容制作肩负着引导群众、服务群众的责任,因此可以考虑创新性、点击量和转发评论量作为新的评估标准。创新性评估内容与传播形式的创新程度,点击量反映群众关注度和内容传播效果,转发评论量则体现群众的认可度和价值判断。

通过优化采编流程,县级融媒体中心能更好地发挥作用,引导群众、服务群众,推进媒体融合和助力基层社会治理的发展目标。这将为县级融媒体中心的工作提供更大的创作空间和发展潜力。

(三)顺应智能趋势,丰富传播形式

县级融媒体中心需要顺应大数据、人工智能、物联网等技术与传播的融合趋势,以推进社会治理体系现代化建设为目标,运用新兴传播技术,丰富传播形式和手段,高效多元地向基层群众发布新闻动态并解读国家大政方针。

首先,实施移动优先战略,建设新媒体矩阵。县级融媒体中心应集中力量和资源,加速构建以"两微一端"为核心的移动新媒体平台,并逐步推出移动新闻产品。例如,德清县新闻中心已推出了"智慧德清"客户端和"德清发布""德清关注""爱德清"三个微信公众号。他们的新闻报道流程是"先上网,再见报;先简报,再详报"。重要活动和特色工作要求在半小时内发布于新闻客户端,一小时内发布于微信公众号。

其次,解读国家大政方针需要采用多元化的传播形式,以基层群众易于理解的方式进行。可以利用动画视频、实拍短视频、本地方言语音播报、一图读懂政策等多样化传播形式,使政务信息更接地气,提高传播效果。例如,安吉县新闻集团自主研发的移动终端应用"爱安吉"提供了全方位的新闻发布平台。用户可以通过该终端收听收看安吉广播电视台的各频道,通过直播系统观看安吉县的大型活动,浏览中央、省市、乡镇各部门政务微信公众号发布的内容。

最后,智能传播还需要注重用户体验,主要体现在信息推送和智能场景的构建上。移动智能直播、全景拍摄、虚拟现实、增强现实、无人机拍摄、机

器人写作、云计算等先进传播技术和形式可应用于新闻传播,为受众打造智能化场景,让受众身临其境。此外,智能传播还包括利用大数据技术准确掌握用户数据,进行专业整合分析,从而提供个性化的信息服务。通过精准把握用户需求和兴趣,县级融媒体中心能够提供更具针对性和精准性的内容,满足用户的多样化需求。

通过运用智能传播技术,县级融媒体中心能够更好地适应信息时代的要求,提供优质的新闻和信息服务,推动基层社会治理现代化,实现信息传播的智能化、个性化和多元化。

(四)传递积极导向,增强社会参与

县级融媒体中心有多种方式可以传递正面情绪和积极导向的新闻报道,以激励群众参与基层社会治理、提升社会责任感和培养建设性思维。

首先,县级融媒体中心应加强与政府的协作机制,充当政府与基层群众之间的重要纽带。在发布政务信息和报道公共事件时,县级融媒体中心应以积极的态度关注事件的发展,并强调其对构建和谐社会的价值意义,特别是对基层群众权益有利的方面。通过这种方式,县级融媒体中心可以传递人文关怀,使基层群众感受到媒体平台的关怀,不再将其视为单一的"新闻生产机器",逐步获得基层群众的情感认同。

其次,县级融媒体中心可以通过报道解决方案的形式关注社会问题。当县级融媒体中心参与公共事件的报道时,可以适当提出解决问题的方案,引导基层群众思考解决途径。同时,媒体客观公正的报道风格有助于缓和社会矛盾,引导积极的社会情绪。这种报道方式可以提升县级融媒体中心的影响力和宣传效果,同时培养和提高基层群众参与社会治理的能力和积极性。

最后,县级融媒体中心可以巧妙设置议程,多关注能激发社会参与热情的议题,缩小基层群众与方针政策之间的距离。通过设置能够引发群众讨论和建议的议题,县级融媒体中心让基层群众相信自己可以为社会治理提供建议和贡献力量。这种方式能够激发群众参与的意愿,增强他们对基层社会治理的信心和参与度。

通过以上方式,县级融媒体中心可以通过新闻报道传递正面情绪和积

极导向,鼓励群众参与基层社会治理,帮助群众提升社会责任感和培养建设性思维。这将为基层社会治理提供更多的参与者和支持,推动社会治理的现代化进程。

值得注意的是,在当前的传播环境中,我们必须注意到传播已经转变为双向互动的模式。社交化的传播形式使得用户参与新闻产品的传播过程,最终的传播效果是传递者和接收者的共同协商结果。通过转发、评论、点赞等互动形式,受众可以对媒体生产的内容进行影响,这体现了用户的生产力和基层协商民主的融合。这一过程促进了多元主体参与基层社会治理的进程,也有助于在制订社会事务解决方案时充分收集多方面的信息,考虑各方的主张和诉求,确保结果的科学性、公平性和有效性。同时,这也提升了县级融媒体中心甚至政府的公信力。

在这个双向互动的传播模式中,县级融媒体中心应积极倾听受众的声音和意见,将其作为重要参考,与受众进行真实、平等的沟通和互动。通过与受众的互动,县级融媒体中心可以了解受众的需求和关注点,从而更好地提供符合受众期待的内容和服务。同时,县级融媒体中心也应该及时回应受众的疑问和批评,增强透明度和回应能力,建立良好的信任关系。

通过双向互动的传播模式,县级融媒体中心可以与受众共同参与基层社会治理的决策和实施过程。受众的参与不仅可以提供更多的信息和观点,还可以增加基层治理的民主性和公众性。县级融媒体中心可以通过组织公众讨论、开展在线调查、征集意见等方式,促进受众的参与和表达,使他们成为基层社会治理的合作伙伴和建设者。

(五)加强网络舆情治理,实现舆论正向引导

网络舆情传播在移动互联网时代呈现出新的特征,如移动化、视频化和碎片化,这给舆情治理带来了更大的挑战。县级融媒体中心积极参与完善县级网络舆情治理体系的工作,主要围绕引导群众和服务群众两个方面展开。

县级融媒体中心通过充分挖掘平台上的有效舆情数据,并依托专家团队的智力支持进行数据分析,可以准确掌握群众关注的焦点和民生利益诉求的集中点。同时,评估当地经济社会文化的发展趋势和舆情风险,为县级

党委政府提供科学决策的参考,提升社会治理现代化的能力,保持社会的稳定。

面对舆情问题,县级融媒体中心应当第一时间深入民间的新闻舆论现场进行源头治理。一方面,要揭露事实的真相,避免虚假信息和错误信息的扩大化;另一方面,要突出当地的社会动态,通过切实的工作赢得群众的情感认同,逐渐建立起双方之间的信任桥梁,确保网络舆情治理工作的效果。

一些县级融媒体中心已经开始将数据收集技术应用于舆情治理中。例如,河南省焦作市成立了大数据中心,为政府和社会提供地方经济、信用体系和社会发展等方面的数据。部分县级融媒体中心与大数据中心合作共建共享数据,并结合百姓文化超市、网上政务办理和智慧城市综合服务等功能,为基层社会治理提供更多的数据支持和定制化的信息服务。长兴传媒集团与县国资办合资成立公司,集聚产业数据,并承建全县亩产效益大数据平台、"河长制"协同平台和基层综合治理平台,积极参与智慧城市和美丽乡村建设。

总之,县级融媒体中心在进行网络舆情治理时,应根据本地实际情况制定科学可行的方案,并与县级党委政府协同合作。同时,要借助大数据等技术部门的支持,最终成为综合平台,协助舆情治理和维护社会稳定。这样的努力将使县级融媒体中心在网络舆情治理中发挥更加积极的作用,满足群众的需求,促进社会的和谐与稳定。

二、县级融媒体中心与公共服务

县级融媒体中心作为一种特殊的媒体机构,要承担引导群众、服务群众的重要职责。与其他类型的媒体机构相比,县级融媒体中心具有独特的特点和功能,不仅要满足一般媒体的属性,还需要具备跨领域、全方位、多样化的能力,以服务群众和社会的需求,积极主动地为人民群众创造美好生活。

(一)提供便民服务,促进产业融合

县级融媒体中心在移动互联网时代面临着新的挑战,要想提供有效的公共服务,就必须注重线下与基层群众的接触。因此,县级融媒体中心应努力打通线上和线下社区,以基层群众为导向,建立综合性社会生活服务平

台,提供便民服务和产业融合。

在便民服务方面,县级融媒体中心应涵盖多个民生领域,如社区服务、外卖预订、酒店票务、房屋租售、二手商品交易、失物招领、生活缴费等。通过广泛覆盖,真正提高群众的办事效率,解决实际问题。例如,安吉新闻集团创建了"爱安吉"客户端,其中包括超过 20 个便民服务板块,如"借车扫码""预约挂号""电影票预购""安吉美食""停车场查询"等,满足群众日常生活需求。长兴传媒集团通过公共移动网络等设施提供生活服务,推进无线网络覆盖,并整合各类数据,使数据为政务应用和民生服务发挥作用。

除了便民服务,县级融媒体中心还可以利用本地特色的文化、旅游、教育、商业等资源,拓展产业融合领域,形成"媒体+教育""媒体+医疗""媒体+房产"等组合。举办群众性文化、体育、科普、公益活动,以及商务、会展、节庆等活动。例如,长兴传媒集团通过"媒体+会展""媒体+少儿""媒体+活动""媒体+服务"等盈利模式,促进了产业发展。安吉新闻集团联合全国县级广电成立了"长城旅游联盟",探索"媒体+互联网+旅游"的产业发展模式,自主研发了"游视界"平台,促进旅游、特色产品的线上交易。产业融合可以推动县级融媒体中心的发展,丰富活动内容,与当地经济社会发展紧密结合,满足群众需求,成为综合性的"新闻+服务"平台。

总而言之,县级融媒体中心要面对移动互联网时代的挑战,既要提供线上信息服务,又要重视线下与基层群众的互动。通过打通线上线下社区,构建综合性社会生活服务平台,实现便民服务和产业融合,县级融媒体中心能够更好地满足群众的需求,为基层社会发展做出积极贡献。

（二）举办相关活动,提升群众认同感

县级融媒体中心的发展不仅要提供信息传播,还应积极推动公众参与,这是现代基层社会治理的重要基础。政府单方面的治理措施已不符合科学的社会治理模式。为了实现公共服务供给侧改革和基层社会治理的现代化,必须以广泛的公众参与为前提。

群众是构成"社会治理共同体"的重要组成部分,为了实现广泛的公众参与,需要增强群众对社会环境的认同感。在这方面,县级融媒体中心可以组织文化生活活动,鼓励群众融入公共空间,积极参与日常的交流与沟通,

加强对所在区域的归属感和认同感,激发他们参与社区生活和社会治理的热情。

这些活动应立足于群众的实际需求,贴近群众的需求,使活动具有亲民性,才能吸引广大群众的积极参与。例如,胶州市在征求群众意见的基础上,开展了名为"身边人讲身边事"的活动,收集整理了900多个发生在百姓身边的典型故事,培训选拔了2000多名宣讲员,举办了1700多场宣讲演出,观众达到15万余人次。该活动以秧歌剧、三句半、小品、快板等群众易接受的文艺形式,讲述习近平新时代中国特色社会主义思想的故事,受到了群众的喜爱。青岛市城阳区成立了390支志愿服务特色小分队,组织了9万余名志愿者,开展了精准志愿服务活动,如关怀孤寡老人、健康义诊、社区清理等。志愿者们还与贫困家庭结对帮扶,组织基层志愿调解队伍解答群众困惑,提供家庭医生服务和心理健康服务。这些活动贴近群众,解决了基层社会存在的问题,大大提升了社会参与度,使基层社会治理更加务实和贴近人民。

综上所述,县级融媒体中心的发展不仅要注重信息传播,还要积极推动公众参与。通过组织群众性活动,关注并解决基层群众的实际困难,县级融媒体中心能够真正实现公众参与,提高基层社会治理的效能。

第二节   县级融媒体技术创新与基层社会治理

新技术和互联网的快速发展给媒体格局和社会治理带来了革命性的变化,对于媒体融合和基层社会治理现代化起到了关键的推动作用。大数据、人工智能、区块链、5G和物联网等技术的应用推动了新闻传播行业的全面变革,从新闻生产的理念、生产流程到产品形态,都呈现出崭新的面貌。与此同时,社会治理也借助技术手段朝着数字化、智能化、去中心化和服务化的方向发展,以实现智慧社区和信用社会的构建。

一、技术驱动下基层社会治理趋势

社会治理现代化建设是与时俱进的必然需要，旨在适应社会的发展和变革。借助新技术的成果推动基层治理的现代化，是社会主义现代化建设的重要任务和使命。

（一）智慧社区

基于时代的需求和发展趋势，智慧社区逐渐成为基层社会治理的新兴模式，推动着基层社会治理的电子化和信息化进程。智慧社区以物联网、云计算、移动互联网和信息智能终端等新一代信息技术为基础，通过自动感知、及时传送、实时发布和信息资源的整合共享，实现对社区居民生活各个方面的数字化、网络化、智能化、互动化和协同化，从而提升居民的生活质量和改善生活环境。在建设智慧社区的过程中，我们要因势而谋，根据实际情况做出相应的规划和调整；要应势而动，及时把握时代发展的脉搏，主动适应社会的需求和变化；要顺势而为，积极利用科技和信息化手段，推进智慧社区建设，为居民提供更加便捷、高效和舒适的生活环境和服务。通过建设智慧社区，能够更好地满足居民的多样化需求，促进社区居民之间的交流和互动，推动社区的协同发展，实现社会治理的现代化和智能化。

1. 管理模式革新

通过引入新科技，基层社会管理模式得到了重构，建立了信息化综合平台以协调整合信息资源。这一综合平台充分利用互联网和物联网的力量，实现了政府、公民和企业等多元主体之间的连接，并通过大数据的整合、共享和分析，打通各主体之间的沟通渠道。借助综合信息服务平台，基层社会管理能够更好地统筹资源，创新管理和服务模式，提升管理规范性、可控性和灵活性。在内部管理方面，信息化综合平台汇聚了各类信息，打通了组织内部的沟通渠道，构建了数据库，提升了组织内部的协同效率。在社会管理方面，综合平台传递了党和政府的声音，广泛收集民意，回应群众的需求，为基层科学决策提供了基础支持。在公共服务方面，各部门能够实现协同联动，打破了过去"碎片化"管理的困境，提供了更加高效、便捷的公共服务。综合平台的运用使得基层社会管理能够更好地适应时代发展的要求，提升管理水平,为居民提供更加优质的公共服务,推动社会治理向着更加科学、高效、人性化的方向发展。

2. 建立便民服务体系

通过新技术建设智慧社区,居民能够享受到个性化的服务,形成了便民服务体系。以北京智慧社区建设为例,他们打造了一个名为"一刻钟服务圈"的平台,为居民提供生活消费信息,并在养老、医疗等领域实现了个性化的服务。互联网、云计算、物联网等信息化技术的应用有效提升了基层公共服务的供给效率。智慧社区平台深入挖掘数据,通过信息渠道对接需求和供给信息,实现了精准供给。政府、社区组织和居民都可以利用网络平台,为他人提供信息服务,并进行资源置换。在这种双向交互的内生动力的驱动下,不仅政府的公共服务供给效率得到提高,而且社区居民个性化需求也得到了有效满足。这推动了社区公共服务向着可持续发展的方向前进,服务的普惠性和便捷性也得到了显著提升。

3. 加强社区居民自治

信息技术的迅猛发展将科技平台打造成为社区居民自治的重要载体。通过网络技术的互联,居民之间加强了沟通,形成了守望相助的社区关系。公开信息的丰富性使居民能够实时了解社区动态,为居民自治提供了信息基础。信息技术密切联系社区居民之间的往来,重建了社区关系。居民可以在科技平台上相互联络、表达需求,甚至召开会议,共同讨论社区事务。例如,上海市宝山区推出了名为"社区通"的平台,让居民能够随时在线上表达诉求,借助互联网的互动传播特性促进居民与居民之间、居民与社区之间的沟通。同时,宝山区还打造了智慧社区微脑智能系统,利用各类终端对基础设施和社区人口进行实时监控,通过物联网采集数据,人工智能识别和分析数据,发现社区管理的需求和隐患,精准对接居民实际需求,加强社区治安管理。居民通过信息技术更便利地表达诉求,也可以向社区或其他居民寻求帮助、获取资源,并且掌握自我管理和自我服务的工具,实现高效快捷的数字化生活方式。信息技术的应用为社区居民自治提供了更广阔的空间,促进了社区自治的参与度和效率,让居民能够更好地参与社区事务、管理社区公共资源,共同建设美好社区。

（二）信用社会

区块链技术是一种分布式数据库存储技术，也被称为"分布式账本"。它的特点是将数据分散地存储在全球互联网络的多个节点上，并通过强大的加密技术将这些数据锁定在一起，确保数据的完整性和安全性。与传统的中心化数据库不同，区块链技术不依赖于中心机构的信用保证，而是依靠分布式节点的验证和共识机制来解决双重支付等问题。比特币生态圈是区块链技术应用最为成熟的领域之一，通过区块链技术，各个节点之间可以实现去中心化的交易支付，无须银行或中介机构介入。区块链技术提供了一种透明、开放和安全的信息发布和传播方式。拥有密钥的主体可以通过算法加密来发布内容，并确保信息的安全性。区块链技术的出现为社会信息系统带来了全新的机遇，它能够促进信息的可靠性和透明性，并提供更加安全和可信的数据交换方式。

1. 建立社会信任机制

区块链技术的共识机制为网络社区实现群众自治提供了基础，建立了节点间的信任关系。在后工业化时代，群众的权利意识迅速崛起，不再无条件地服从公权力，社会面临着频繁的风险。而在区块链网络中，每个节点的参与者都能平等地参与到网络维护工作中。基于网络共识构建的信任机制，网络中的各个主体必须遵守规则并验证信息的真实性后才能将其记录在区块中，以实现自身利益最大化。在区块链中，每个节点的参与者都有平等参与系统决策和管理的权利，这促进了政府和公民之间开放且良性的互动，有效避免了社会陷入信任危机的情况。

在区块链打造的开放言论空间中，用户能够确认彼此的身份。因此，发声主体受到技术的记录和监督，必须对自身言论的得当性负责。公众也可以通过公开查看来监督他人的言论，借助算法的创新，所有网络用户都成为彼此的见证者，因此成员间不存在信任危机。同时，区块链技术可以有效防止网络谣言和极端言论的传播。在区块链社区的维护机制下，公众的监督对违反理性讨论规范的社会个体施加压力，使其在表达时必须考虑到违反社会规范可能带来的惩罚后果，从而有力地促进了公民的理性行为。

在商业领域，区块链的时间戳成为信息的可靠证明，电子支付避免了重复支付的问题。智能合约和公证可以实现全网见证,各节点达成共识,不容篡改。区块链社区建立了各节点之间的共识基础,个人和组织之间的信任关系通过区块链技术得到转移,并借助人类的理性思维,形成了共同维护的合作模式。

2.保障政务信息安全

基于区块链技术的应用为政务信息安全和政府数据治理提供了重要支持。根据戚学祥的研究,目前中国政府数据治理仍处于起步阶段,存在着质量管理差、安全管控弱、开放共享难等问题。区块链通过哈希函数和非对称加密技术来保护数据的完整性和安全性,在区块链网络中传递和存储的数据不容易被篡改,而私有链的设置能够为政府信息的安全提供保障。利用区块链技术发布政务信息有助于增强社会公众对政府公开信息的信任,对推动政府信息公开的落实起到重要作用。

运用现代技术手段促进基层治理的电子化、智能化、去中心化和精细化发展。技术与治理相结合,推动基层社会各项事务的治理向制度化、规范化、程序化发展,进一步推进国家治理体系和治理能力的现代化。借助现代技术,如人工智能、大数据、云计算等,可以提高基层治理的效率和精度,实现信息的快速传递和处理。此外,通过建立智能化的管理系统和平台,能够实现基层治理的去中心化,各部门和社区居民之间可以更加便捷地进行信息交流和互动。通过技术手段的应用,基层治理将更加科学、高效,为社会的发展和稳定提供强有力的支持。

二、技术驱动下县级融媒体中心建设

(一)大数据:提供丰富的信息资源基础

在互联网时代,人们的在线活动变得越来越频繁,这使大量的信息和痕迹在互联网上被留存下来,形成了大数据。互联网不仅扩展了人类的社交和生活空间,使得人们的社会关系和活动以数字化的方式在虚拟社会中展现,同时现实生活中的各种活动也越来越多地与数字技术融合,使得人类社会的方方面面都可以被记录和保存为数据。借助庞大的数据规模,数学计算能够更加敏锐地揭示事物之间的相关性,挖掘出更加丰富的细节。大量的数据为新闻生产提供了便利,从生产理念、内容来源、内容生产、新闻呈现以及用户数据处理等层面重建了新闻生产模式。

第一,在新闻生产理念方面,大数据在县级融媒体新闻生产领域正发挥着重要作用,改变了新闻生产的理念,使受众成为核心。媒体工作者越来越重视数据的使用。互联网的开放性赋予了受众权利,每个终端接口都能参与信息发布和意见反馈,受众不仅是媒体内容的消费者,更是内容的生产者、再生产者和再分发者。过去,基层民众缺乏参与媒体和使用渠道的问题正在得到改善。通过大数据分析,县级融媒体中心可以清楚地了解到其内容的阅读量、点击量,并掌握受众的反馈和特点,从而调整内容的制作。大数据对于县级融媒体中心的价值还在于运营方面的精细数据收集,有助于获取更精准的用户反馈数据。只有真正掌握、分析和利用用户数据,挖掘数据背后的价值,才能充分满足用户需求,并在用户使用过程中实现变现的可能性。

第二,在内容来源方面,县级融媒体中心通过大数据的应用,在新闻生产方面拓宽了信息采集的范围,扩大了消息的来源。传统的报道方式需要记者通过深入基层和群众的调查采访,发现问题并跟进事实的发展。而借助大数据,县级融媒体中心可以从海量且接近全样本的数据中挖掘趋势、发现问题,甚至预测未来事件的发展趋势。研究人员方洁、胡杨、范迪在对媒体从业者进行深入访谈时发现,大数据有两种用法:一种是从大量数据中发现趋势和揭示商业、社会的秘密;另一种是通过数据清洗和提炼,将庞杂的大数据转化为更有价值和意义的"小数据",直接服务于用户。大数据为县级融媒体中心的记者和编辑提供了新的工具,可以挖掘社会文本中散落的具有新闻价值的资讯描述和意义表达。大数据报道不仅仅是数字的佐证,更展示了对社会某一方面趋势、动态和结构的宏观和中观层面的把握。

第三,在内容生产方面,随着大数据的驱动,内容生产领域涌现出新的报道形式。随着技术的不断更新,计算机辅助新闻的发展使得新闻业可以更加充分地利用公开数据,数字化和可视化的表现形式深刻改变了新闻生产过程,促进了数据新闻的兴起。国内一些主流媒体已经设立了数据新闻栏目,丰富了报道类型,例如新华网的数据新闻和人民网的图解新闻。未来,县级融媒体中心将通过大数据的应用进一步拓展开放、广阔的融合发展空间,甚至能够实现对事件发展趋势的预测。

第四,在新闻呈现方面,大数据的应用为新闻带来了全新的传播方式,其中可视化形式成为主要的表达手段,如交互地图、动态图表和信息图。县级融媒体中心可以运用可视化呈现的技术,提升数据呈现的逻辑性,增强文章的叙事效果,并提供更优质的阅读体验。同时,县级融媒体中心还可以通过可视化图表与用户进行互动,实现信息的共享与参与。可视化呈现的应用在新闻领域是一种创新,它融合了可视化信息和用户友好的设计,使得新闻更加生动有趣,更容易被读者理解和接受。

第五,在用户数据处理方面,目前媒体运营过程中,采集和使用用户数据涉及用户隐私权和数据所有权的问题。当用户在平台上进行信息搜索和浏览阅读时,他们的偏好、习惯、频率以及使用场景都会在平台中留下痕迹。媒体机构通过整理和分析这些用户数据,可以绘制出用户的画像和特征。然而,在使用这些数据时存在一定的伦理风险。例如,媒体平台在收集数据时是否事先告知用户,以及数据收集后如何使用这些数据,用户是否意识到数据可能带来的风险,等等。因此,县级融媒体中心在收集和使用数据时,应该自觉约束自己行使数据权力的行为。这包括对数据采集和使用的范围、公共数据的开放性等进行明确的规定和约束。

通过引入大数据技术,县级融媒体中心的建设可以有效促进媒体资源的整合,并促进数据的公开分享。在运营方面,大数据技术可以提升县级融媒体中心的服务水平,更好地了解和满足受众的需求。在内容生产方面,大数据技术可以提高县级融媒体中心的新闻生产效率,丰富内容素材,并优化内容的呈现方式。举例来说,福建省龙岩市武平县融媒体中心采用了福建日报社搭建的融媒体平台,实现了数据资源的共享。这一举措改善了以往数据库不完整、资讯流通不畅的问题。借助大数据技术,县级融媒体中心能够更全面地收集、整合和分析数据,为新闻报道和信息发布提供更准确、及时的支持。同时,数据共享的平台也为其他部门和社会各界提供了更广泛的参与和合作的机会,推动县级社会治理的现代化发展。

通过大数据技术的应用,县级融媒体中心将在信息资源整合、服务水平提升和内容生产方面迈出更大的步伐。这将有助于提高县级融媒体中心的影响力和公信力,促进县级社会治理的创新和改善。

(二)人工智能:建设智慧化内容产业

县级融媒体中心在建设过程中引入人工智能技术,可以有效推动媒体资源的整合,并促进数据的开放共享。在运营方面,人工智能技术可以提升县级融媒体中心的服务水平,更好地理解和满足受众的需求。在内容生产方面,人工智能可以参与新闻选题、信息采集、信息加工等环节,实现人机协同、自动化和社会化的生产模式。通过智能语音识别转化文字、机器人采访、智能图像和音视频识别,人工智能技术可以协助融媒体从业人员进行资料收集、采访和编辑,有效提高县级媒体的新闻生产力。此外,基于大数据和报道模式的数据储备,县级融媒体中心可以利用人工智能技术实现新闻的自动化生产,尤其在财经和体育领域。人工智能技术不仅能模拟人类经验,也能开拓新的经验领域。

在内容分发方面,县级融媒体中心可以通过算法分发实现不同层次需求的匹配,向用户推荐个性化内容,细分用户群体和整合公众意识形态,摆脱传统的人工筛选传递方式。通过算法分发,如今的内容平台能根据用户的阅读偏好、使用习惯和场景进行分类和精准推送。这种分发机制让内容主动找到感兴趣的人,提高了县级融媒体中心的传播效率。算法分发不仅关注基层用户的信息需求,未来还将面向网络社群和广大公众,实现族群内的互动和整合社会的功能。

然而,算法虽然表面上是中立公正的,但实际上是人类设定的,反映了人的意志和偏见。算法的公平性和中立性仅仅是表象,实际上被政治和资本力量所影响。作为信息源,县级融媒体中心对采集到的信息进行选择,算法成为新闻分发机制下的"把关人",在很大程度上决定了新闻客户端呈现的形态。

通过引入人工智能服务,县级融媒体中心朝着智能化的方向迈进。通过拥抱人工智能,县级融媒体中心将步入智能生产模式,有效提高应急反应能力和生产效率。在巩固用户基础方面,利用人工智能技术加强平台的交互性和用户黏性,更好地发挥服务作用。通过人工智能的应用,县级融媒体中心能够更好地适应信息化时代的需求,提供更精准、高效的新闻服务。

(三)区块链:构建开放式新闻生态系统

区块链技术在新闻传播领域有着广阔的前景。它将彻底改变基层媒体的新闻生产方式,并提升信息发布的效果。首先,区块链的去中心化特点实现了生产者和消费者之间的直接连接,每个终端节点都可以直接查看和保存数据。当县级融媒体中心利用区块链技术发布消息时,信息可以直接传递到用户手中。分布式存储减少了信息传播中的不对称性,提高了传播的透明度。其次,利用区块链技术发布内容可以规避外界的干预和篡改,保证信息在传播过程中的完整性。区块链技术使用哈希函数对数据进行加密,得到唯一的哈希值,通过哈希值可以追溯数据的发布源头,并记录下所有的信息浏览记录和变动情况。

区块链的可追溯性和完整性推动了基层媒体形成新的新闻伦理规范和监督机制,实现了数字内容版权的自动登记、验权、获权、结算和备案功能,为谣言治理、新闻事实核查和版权保护提供了依据。在后真相时代,网络消息传播速度加快,澄清谣言和假新闻需要较长时间。信息碎片化阻碍了受众形成共识,同时受众对事实真相的认知存在偏差,真相很难得到广泛传播。通过采用区块链分布式的信息存储方式,县级融媒体中心能够汇聚多方信息,按照时间顺序组成链条。用户可以从多个角度了解事件,按照时间先后顺序掌握事件的全貌。一旦信息实现零成本获取或极低成本获取,谣言将失去滋生的土壤。

区块链在县级融媒体中心建设中具有广泛的应用前景。引入区块链技术可以更好地保障融媒体平台的信息安全,并为信息端口的融合提供技术支持。在内容方面,分布式结构能够更好地吸收多方信息来源,实现媒体信息的自净功能,提高信息环境的传播效率,消除传受双方的信息不对称性。通过区块链技术,县级融媒体中心可以构建一个公正、透明、可信的新闻生态系统,为受众提供更可靠、准确的新闻信息。

(四)"5G+物联网":互通互联的全媒体融合形势

5G技术的到来和物联网的发展为我们带来了全新的体验时代。物联网的核心思想是将各种物体接入互联网,实现它们之间的通信和信息交换。

通过这种连接,人与物、人与人、物与物之间建立了新的关系,创造了更智能、高效的生活方式。

物联网的应用场景广泛,包括智能家居、智慧城市、智能交通、智能农业等。通过物联网,我们可以实现智能化的识别、定位、跟踪、监控和管理。例如,我们可以通过智能家居系统远程控制家中的灯光、温度和安全设备;在智慧城市中,交通信号灯可以根据实时交通情况进行智能调节,提高交通效率;在智能农业中,传感器可以监测土壤湿度和气候状况,实现精确的灌溉和施肥,提高农作物产量。

物联网的发展离不开 5G 技术的支持。5G 技术提供了更高的传输速度、更低的延迟和更大的网络容量,能够满足物联网大规模连接和数据传输的需求。它为用户提供了更快速、更稳定的网络连接,使得各种设备能够实时互联互通。这进一步推动了万物互联的进程,加速了物联网的发展。

物联网和 5G 技术的结合为县级融媒体带来了新的发展机遇。如今,基层传播进入了一个全新的时代,即"万物皆媒"。过去,媒体主要由人类主导,但未来,机器和各种智能物体都有可能成为媒体的一部分。这意味着各种传感器将延伸到基层社会的每个角落,可以捕捉并记录以往人类难以获得的信息,从而大大扩展了信息的范围和量级。物联网具有全面感知、可靠传递和智能处理的技术特点,使人与物之间实现实时连接,而 5G 技术则加速了终端设备的运行,推动县级融媒体实现智能化、媒体平台化和平台媒体化。这种发展不仅会对物质世界进行结构性的时空重塑,还将深刻影响整个社会的信息传播过程。

每个传播节点的连通性构成了庞大的传播网络,而物联网和 5G 技术的延伸使得传播网络进一步扩大,传播无处不在。通过连接各种终端设备,县级融媒体中心可以精确了解用户的地理位置和移动行为,实现对传播内容的全面覆盖和相关内容的精准推送,甚至实现多屏互动功能,让用户无缝切换不同屏幕进行信息观看。

5G 技术和物联网的结合推动了县级融媒体中心呈现出全新的"四全媒体"态势,即全员媒体、全息媒体、全程媒体和全效媒体。用户在传播过程中将体验到现实空间和虚拟空间的互动和重叠,传播体验得到升级。在 5G 技术的支持下,虚拟现实、增强现实和网络直播将得到广泛应用,用户可以更加流畅地进入沉浸式的信息环境,县级媒介环境正逐步迈向基于场景和沉浸传播的第三媒介时代。通过物联网技术,视频媒体实现了人机互动,开发了交互性强的视频业务,提升了用户体验,摆脱了电视台播放时间和平台限制,大大提高了用户的现场感、参与感和愉悦度。

物联网和5G技术让县级融媒体中心成为连接人与万物的融合传媒网络,有力地推动了县级融媒体的建设进程。通过物联网实现万物互联,县级融媒体中心实现了全员媒体的目标;而5G技术使得视频直播具备了高清晰度和低延时的传播效果,有效提升了用户的感官体验。同时,5G技术也实现了网络直播与现实空间的互动,让用户更加流畅地体验全息媒体的沉浸式效果。在这样的环境中,网络直播画面更加稳定流畅,而物联网则让传感器分布在社会各个角落,实现了对现实全程的记录。通过这些技术的应用,县级融媒体中心将实现全员参与的媒体化环境,为用户带来更加丰富、沉浸式的传播体验。

媒体融合的发展受益于新技术的变革,这些新技术不仅推动着媒体产业的转型升级,也改变了媒介内容的生产和传播方式。新技术的应用使得媒体平台能够更好地整合资源和建设,重塑了新闻传播产业的格局。然而,在当前的媒体融合建设中,仍然存在一些问题需要解决。首先是地区发展不均衡的问题,一些地区的融媒体中心建设相对滞后,需要加大力度推动。其次是人才流失加剧的问题,随着融媒体需求的增加,对高素质的媒体人才的需求也日益增长,但是由于各种原因,人才流失现象比较严重。另外,现行的体制机制也需要与媒体融合的需求相适应,进行相应的改革和优化。最后,评估和监管体系的不完善也是一个亟待解决的问题,需要建立健全科学的评估和监管机制,确保媒体融合建设的顺利进行。因此,当前我国县级融媒体中心在建设进程中,仍然面临着打通媒体融合技术应用的"最后一公里"的挑战,还有很长的路要走。

三、县级融媒体中心对基层社会治理的技术赋能

(一)技术赋能的特性

赋能是指通过技术的应用,提升个人、组织和社会的生产和实践能力。

在县级融媒体中心的建设中,技术赋能起到了重要的作用,它突破了以往基层传统媒体的生产力限制,重新塑造了县域开放和实时共享的信息传播环境。县级融媒体中心的建设为基层社会治理提供了技术支持,并实现了多层次、全方位的媒体融合。县级融媒体中心不仅仅是在技术层面上应用了多种技术,更重要的是在生产理念、生产流程、媒介制度、组织架构和传播效果评估等方面进行了重新调整和升级,打造了一种融合质变的新型主流媒体。通过县级融媒体中心,基层社会治理得以建立起了一个广泛连接的信息传播网络,为人们提供更加便捷和普惠的服务平台。在这个网络中,信息能够快速传递,各方之间的互动更加便利,从而促进了基层社会的治理和发展。

1. 连接性

要提升县级融媒体中心的媒体传播力、引导力、影响力和公信力,关键在于加强对用户的思考和理解,因为只有赢得了用户的支持和认可,才能取得成功。在建设县级融媒体中心时,可以利用物联网和5G技术来实现更广泛的用户连接。物联网的核心理念是将万物相互连接,从而实现人与机器的交互,这实际上是移动化特性的一种延伸。县级融媒体中心可以通过技术升级来提升用户体验,吸引更多用户参与,进而获取市场主动权。在建设和发展县级融媒体中心的过程中,需要加强对用户思维的重视,确保内容与基层群众的需求紧密契合,加强与用户的互动,从而实现"引导群众、服务群众"的目标。

2. 智能化

通过现代化信息技术的运用,县级融媒体中心可以实现产品设计、运营、生产和分发的智能化。通过对用户数据的分析,结合不同场景,精准地分配媒体生产的信息和服务,县级融媒体中心在此基础上打造智能化的媒体产品。借助大数据和人工智能的支持,县级融媒体中心能够确定媒体产品的定位,并摒弃传统的经验式媒介经营管理,通过科学的顶层设计进行建设规划。县级融媒体中心利用信息技术进行科学决策,贯穿产品设计到运营过程的始终,以更科学、规范的方式打通基层思想舆论工作中的"最后一公里"。

3. 开放性

结合物联网和区块链等技术,县级融媒体中心能够突破传统媒体的封闭式生产模式,赋予用户参与内容生产的权力。随着新媒体的发展,受众在新闻生产中的参与程度不断加深,很多热点事件不再由专业记者报道,而是通过网络由事件当事人进行爆料。新媒体技术的应用改变了言论空间的权力结构,将"公民新闻"作为新的信息来源,以此为基础进行深入调查和报道。县级融媒体中心可以抓住这一机遇,将融媒体平台打造成公共论坛,组织公众有序地讨论公共议题。这种开放性的平台可以鼓励广大用户发表观点、分享经验,并为公共议题的讨论提供更多的参考和多样化的声音。县级融媒体中心将成为一个充满活力、充满参与的媒体生态系统,实现公众参与、舆论监督和信息传递的良性循环。

(二)技术赋能下县级融媒体中心助力基层社会治理

现代信息技术在社会治理中发挥着重要的作用,技术赋能指的是利用现代信息技术增强县级融媒体中心在基层社会治理中的能力。县级融媒体中心通过开展舆论工作、提供公共服务,进行社会风险管理和促进社会整合,在基层社会治理过程中扮演着关键角色。建设县级融媒体中心并利用现代信息技术是媒体融合发展的要求,也是推动国家治理能力现代化的必然要求。

新兴传播技术如新媒体和融媒体已经深刻地影响了社会各个领域。科学有效地运用新型媒体传播技术为国家治理体系建设提供服务,成为推动国家治理能力现代化的必然要求。运用融媒体的传播理念和传播技术来服务国家治理能力现代化,也是治理观念和治理技术现代化的统一体现。县级融媒体中心在这一过程中具有重要作用,通过运用现代信息技术,实现更加高效、智能和参与性的社会治理。

1. 公共服务

县级融媒体平台利用新技术为用户提供多样化服务,实现政务、生活和公民参与的一体化。该平台通过跨部门和多主体的协同合作,整合县级信息系统,升级服务水平。例如,湖北省的"长江云"平台邀请政府入驻,第一时间发布信息回应民众关切,并提供公积金、交管、医疗、户政等通用政务和民生服务接口。此外,融媒体平台还可以延伸产业链,拓展文创等其他产业,举办会展、节庆和商务活动,提供多元化服务。建成的县级融媒体中心通常采用"中央厨房"的模式,整合媒体资源,构建新闻、政务和服务三位一体的平台。未来的县级融媒体中心需要转变思维,提供精准化、个性化的定制化服务,实现系统的深度融合。

信息化手段可以提升县级融媒体中心的公共服务水平,扩大基层公共服务的覆盖范围。融媒体平台利用物联网技术收集基层社会运行数据,并在平台上进行整合和分析。通过县级融媒体中心向基层发布各类公共服务信息,解决基层的"信息孤岛"问题,促进公共资源的高效分配。此外,融媒体平台可以利用智能化技术,将线下服务转移到线上。开放化和电子化的服务流程能够减轻基层工作人员的压力。智能技术使烦琐的程序变得简单易行,工作人员可以投入个性化的服务,摆脱烦琐的办理环节。县级融媒体中心还建立了电子政务服务一体化系统,公众可以直接获取各种类型的公共服务。平台间的用户数据整合和分析功能扩大了公共服务的范围。通过大规模数据的分析,县级融媒体中心可以更准确地了解公众的复合需求,并根据需求设立相应的服务项目。

2. 风险管理

县级融媒体中心借助智能信息技术提升了应对突发事件的能力。通过运用人工智能技术,县级融媒体中心能够迅速响应突发事件,弥补了传统新闻报道所面临的时间和人力限制的不足。在紧急情况下,县级融媒体中心能够及时向公众传递有价值的信息,从而为决策提供依据。在公共危机事件发生时,县级融媒体中心的危机情报发布有助于动员社会力量共同应对危机,提高基层治理效率和质量。同时,县级融媒体中心可以专注于地方情况,动员广大基层力量,建立灵活高效的社会资源分配机制,更好地应对危机事件。

此外,县级融媒体中心还担负着基层舆情治理智库的重任。信息时代下,地方媒体的沉默常常导致负面舆情的产生,使地方政府处于被动局面。县级融媒体中心利用大数据和其他信息技术,成为基层信息的集散地。在此基础上,县级融媒体中心能够生产出更高质量的内容,为政府政策制定和基层治理提供科学参考,以实现及时化解矛盾和避免矛盾激化的目标。县级融媒体中心利用大数据监测和分析基层舆情,有助于形成预测性决策,降低社会风险。通过收集融媒体报道下的群众意见和情绪反应,大数据汇总了群众意见于县级融媒体中心的后台系统,从而得出公众对新闻事件的整体意见和反馈。这使得县级融媒体中心能够了解群众的声音,迅速做出反应并发布报道,传达群众的意见,回应群众的诉求。作为中间力量,县级融媒体中心推动民意传达、政策实施,为缓解社会矛盾、促进社会和谐创造了有利条件。

3. 社会整合

县级融媒体平台具有开放性和接近性,通过扩大公民表达渠道,激励基层群众发声,促进民众的协商沟通,从而加强相互了解,增进共识,最终实现社会整合的目标。现代化基层社会治理模式的建设旨在促进共建共享共治,形成多方参与、广泛谋划、共同享有的治理格局。县级融媒体中心作为去中心化的信息系统打破了以往发声渠道的接入障碍,有效推进了基层社会治理现代化的进程。过去,基层媒体很难成为所有民众的表达平台,但在由区块链技术搭建的县级融媒体中心中,任何人只需掌握公钥即可编辑和发布信息,并获得算法的加密保护,使县级融媒体中心成为真正实现"人人都有发声机会"的公共领域。

同时,技术的参与为县级融媒体空间赋予了一定的匿名性和中立性。作为非政府力量,县级融媒体中心提供中立和匿名的讨论环境,激发基层群众的表达愿望,给予他们参与基层社会治理的机会,从而在互动和妥协中实现各种族群和各种诉求的包容,找到社会的"最大公约数"。因此,在社会治理过程中,基层媒体发挥着促进社会共识形成和塑造集体意识的重要作用。

新技术的广泛应用使得县级融媒体中心能够在线上平台重构基层社会关系,并紧密连接虚拟社区。公众通过县级融媒体平台实现社会生活的网络化,在线浏览信息、展开对话、进行文化消费,甚至参与新闻生产和事实核查。融媒体中心成为一种新型现实社会结构的现实性表现,网络空间也成为现实社会的延伸。在县级融媒体平台上,民众聚集在一起,共享相似的文化和思想,在互动中构建起虚拟社区。基层传播网络将社区的归属感和行动意识相连接,将线下的力量与线上相融合,同时将线上的共识推动回线下。线上和线下活动的联动加强了个体与社区之间的纽带联结,提升了社区整体意识的形成。

技术互联的县级融媒体中心深入基层,以促进居民自治和创新社会整合机制。法国社会学家涂尔干曾提出通过劳动分工创造有机团结,意味着个人与社会越发密切联系。在社区治理中,成员个体通过参与县级融媒体中心的治理活动变得更加活跃,从而在社区范围内获得自由发展的空间。在这个过程中,个人的特点与社区整体性得到同步发展。协同治理的分工角色加强了成员的主体意识,巩固了社区和个体之间的纽带。社区居民自治机制将个人和社会团体组织起来。通过县级融媒体中心的传播渠道,社区居民和社会组织能够有秩序、有组织地进行对话和反馈。通过互动对话机制,县级融媒体中心能够发挥不同主体和组织的作用,凝聚广泛的基层力量,共同化解社会矛盾,促进社会的一体化。

第三节　县级融媒体中心建设助力当地发展
——以中西部信息科技、文化崛起为例

长期以来,党和国家高度重视科技、文化发展,在党的二十大报告中,"科技"被提及 44 次,"文化"被提及 58 次。科技是第一生产力,文化是中华民族赖以生存的根基,对中西部地区而言,二者不仅是文明发展的积淀和结晶,更是未来经济社会发展的重要抓手。

中西部地区承载着丰富多样的文化遗产,如黄土高原文化圈、伊斯兰文化圈、北方草原文化圈、西域文化圈、藏文化圈、巴蜀文化圈、滇黔文化圈等。这些文化圈中涌现出各具特色的文化分支,构成了中华民族丰富多元的文化宝库。在习近平新时代中国特色社会主义建设的实践中,中西部地区涌现出许多具有代表性的地域文化、奋斗故事和精品服务,这些独特的文化现象成为中华民族乃至人类历史发展进程中的珍贵财富。

然而,中西部地区的传统文化还有待进一步挖掘和传承,新时代的文化也需要深入总结、推广和提升。传统文化的传播需要创新途径和提高传播效果,新时代的文化要进一步提炼和推广,以充分发挥其作用。此外,中西部地区在传统文化和新时代文化产品开发以及文化服务供给方面还存在不足,优质的文化产品和服务在全国乃至全球的影响力有限,对于文化强省建设和高质量转型发展的助力还不够。

中西部地区正积极抓住信息技术带来的历史机遇,实现科技革命和产业变革。陕西汇聚了多家高精尖制造企业,贵州在大数据领域取得了令人瞩目的成就,河南成为中西部地区的创业创新高地,武汉、长沙、合肥等地的硬科技成果进入全国前列。这些成果展示了以信息科技为核心的跨越式发展的可行性,彰显了科技驱动下中西部地区发展的实力。

许多地区抓住了信息革命的机遇,与互联网、大数据、云平台、人工智能等领域的龙头企业合作,大幅提升了当地的经济发展水平。它们以信息革命为契机推动当地基础设施建设和新兴产业发展,为当地经济社会高质量发展提供了助力。然而,也有部分地区对信息技术的重要性认识不足,缺乏参与信息科技产业发展的机遇和资源。这使得它们在科技发展的急流中难以前进,存在错失崛起发展机会的风险。

县级融媒体中心在数字化转型和现代化治理体系建设中扮演着重要角色,但其作用不止于此。作为与文化和信息技术紧密相关的社会公益单位,县级融媒体中心是中西部地区实现跨越式发展的最佳突破口。通过推动当地信息技术的发展和产业的变革,县级融媒体中心可以优化文化产品和服务供给,促进文化产业的开发,进而实现中西部地区基层文化设施、产品和服务的布局优化和资源共享,助推文化强省的建设。

在加强全媒体传播体系建设,塑造主流舆论新格局的基础上,县级融媒体中心还能够以媒体融合发展为契机,实现中西部地区在信息科技和文化领域的崛起。通过真正助力当地发展,县级融媒体中心可以提升自身的影响力,并承担起更多的社会责任。这种思路能够带动中西部地区的经济社会进步,促进区域间的协同发展,创造更多机会和福祉,让中西部地区在信息技术和文化领域焕发出新的活力。

一、信息技术发展的新契机

信息技术是一系列利用电子计算机和现代通信手段实现信息获取、处理、传播和应用等功能的技术体系。它包括硬件技术，如信息设备和功能，以及软件技术，如知识、方法和技能，用于实现信息功能。信息技术可以根据其功能层次进行分类，包括材料和能源技术作为基础层次，机械、电子和生物技术作为支撑层次，传感、通信和计算机技术作为主体层次，以及各种自动化、智能化设备和软件可供应用。信息技术的范围广泛，它不仅代表着前沿科学的发展和信息革命的核心，而且与经济密切相关。它已成为衡量一个国家或地区现代化和经济发展水平的重要标志。

中西部地区相对于东部地区在思维、经济、人才和基础设施等方面存在一定的限制，导致其整体信息技术发展水平相对滞后。然而，近年来，许多中西部地区积极应对信息革命带来的历史机遇，将信息技术作为转型发展和高质量发展的重要方向进行探索。它们在信息化立法、民生改善、与工业化融合以及信息产业发展等方面取得了显著成效，中西部地区的信息化发展进入了快车道。

例如，贵州抓住了信息产业变革的机遇，建立了中国首个国家级大数据综合试验区，并推行了"宽带贵州"行动计划、云计算平台建设、产业数据开发应用以及农业技术创新与市场信息中心等信息建设项目。贵州的软件和信息技术服务业累计收入达到 2000 亿元，电子信息制造业产值累计达到 4000 亿元，其"云上贵州"在全球范围内产生了重要影响。

山西是另一个例子，在光机电、半导体、光伏、计算机和应用电子等重点领域取得了突破。山西的电子信息制造业规模以上企业在 2021 年实现了 1543 亿元的营业收入，重点产品销售收入占比超过 30%，信息制造业快速增长。

中西部地区的信息制造业和服务产业对经济社会发展起到了显著的带动作用。然而，我们不能忽视一个事实，即这些新兴产业主要集中在中西部省会城市、基础设施较好的地级市或省级高新技术产业园区，对于经济社会发展相对滞后的县域和农村地区的转型发展推动力度有限。

这种差异与城乡科技文化建设水平的差异有关。在这些相对滞后的地区，基层政府对科技发展的认识水平较低，科技文化体制不完善，科教资源配置不平衡，科技发展服务水平较低，这些因素都在一定程度上影响了这些地区信息产业的发展水平。改善这些制约因素并非一蹴而就，需要长期努力。

县级融媒体中心的建设则具有明显优势，因为它依赖的是各种先进的信息技术。通过建设县级融媒体中心，可以在带动当地信息发展方面发挥重要作用。这不仅可以促进信息技术在县域和农村地区的推广应用，还可以提升基层政府的信息化水平，改善科技文化建设，优化科教资源配置，并提供更好的科技发展服务。县级融媒体中心作为信息传播的重要平台，可以整合各方资源，推动信息产业在中西部地区的发展，为当地经济社会的转型发展注入新的动力。

在当前阶段，大多数县级融媒体中心致力于建设新时代的信息传播中心和全媒体传播体系。未来，它们将进一步集中力量在政务服务平台、舆情监测系统等领域实现更大的发展。在建设过程中，县级融媒体中心不仅涉及传统媒介技术，如影像、广播、采编系统、广告以及有线和无线传播，还将充分应用信息技术革命的成果，如5G、大数据、云计算、物联网、区块链、虚拟现实和人工智能等。在县级融媒体中心的初期建设阶段，可以通过购买和引进信息媒介技术来快速实现媒体转型和融合发展，以提升当地的信息化建设水平。县级融媒体中心在基础建设完成后，可以通过以下几个方面推动当地信息技术产业的发展：

首先，县级融媒体中心可以通过信息枢纽和信息综合服务平台的建设，为当地经济发展提供支持。尽管市场调查和大数据分析等技术已经成为获取信息的常见手段，但在许多中西部县域地区，仍然缺乏及时有效、针对性强的市场信息。对于农村地区或媒介素养较低的特定人群而言，从庞杂、娱乐化的网络信息中获取所需的信息和服务更加困难。在这种情况下，县级融媒体中心具有信息把关、提供优质信息的优势。一方面，县级融媒体中心可以筛选、发布与本地相关的各类信息，为当地群众提供重要的、有针对性的、贴近生活的信息服务；另一方面，它还可以通过大数据分析、问卷调查、互动留言等方式主动搜集、分析当地群众的信息需求，实时监测舆情，深入挖掘本地数据和信息需求，提升资源整合的有效性，为当地发展提供信息资源支持，辅助相关主体做出正确决策。此外，县级融媒体中心还可以通过信息服务平台为当地企事业单位提供信息咨询、定制或传播服务，在提升自身经济实力的同时促进当地经济建设。

其次，县级融媒体中心可以通过自身建设推动高新信息技术在当地的发展。一方面，县级融媒体中心的建设需要更新硬件系统、办公设备以及直播设备，并改造媒体信息空间。同时，它还需要依托先进技术，如5G、大数据、云平台和人工智能等。这些技术设备的采购、维护和应用可以提高当地相关信息技术基础设施建设水平，并提高工作人员对信息技术的认知和应用水平，从而间接推动信息技术在当地的发展。另一方面，县级融媒体中心可以通过提供信息服务来提升当地的信息技术发展水平。当前，中西部地区的实体经济与互联网、物联网、大数据、云计算和人工智能等信息技术的融合程度仍然有限。县级融媒体中心可以与当地企事业单位和基层治理组织建立技术合作协议，在信息云平台、智慧党建、农产品电商、村级信息服务、企业系统建设、当地教育系统电子化、社区系统建设等方面提供信息服务，推动中西部地区全面的信息化改革。这些举措不仅可以激活中西部地区的信息科技市场，实现盈利，还可以通过信息化改革提高社会管理和企业运营效率。同时，这些举措还可以促进信息技术的普及工作，在县域经济的转型发展中提供有力的思想氛围、技术支持和发展动力，并集聚起中西部地区赶超发展的基层力量。

中西部地区在信息技术的推动下迎来了新的发展机遇，而县级融媒体中心则因其与信息技术的密切关系成为中西部地区经济社会发展的重要力量。通过建设信息枢纽和信息综合服务平台，县级融媒体中心可以为当地经济发展提供支持。同时，通过更新媒介技术和提供高新信息技术服务，县级融媒体中心能够助推当地信息产业的发展。这不仅是县级融媒体中心实现自身发展、提升影响力的可行举措，也是中西部地区实现转型发展、提升信息化水平的重要机遇。县级融媒体中心与当地社会共同发展，实现双赢。

二、建设文化强省的新渠道

中西部地区的文化产业是推动该地区高质量发展的重要力量,而县级融媒体中心的建设在这方面扮演着重要角色。县级融媒体中心具备强大的本地群众基础和潜在的县外消费者群体,通过建设,可以促进当地文化的创造性转化和创新性发展,推动文化产业的蓬勃发展,并成为实现文化强省目标的重要渠道。

中西部地区作为中华文化的发源地,拥有丰富的文化历史和宝贵的文化资源。各地形成了以黄河流域为中心的黄土高原文化圈、西北地区的伊斯兰文化圈、北方草原文化圈、天山南北为核心的西域文化圈、青藏高原为主体的藏文化圈、长江三峡流域和四川盆地连为一体的巴蜀文化圈、云贵高原及向东延伸的滇黔文化圈等。每个文化圈都有独特的文化形态,展现了多样而精彩的文化面貌。以山西为例,山西拥有丰富多元的文化遗产,包括旧石器文化、春秋战国时期的纵横家思想、佛教文化、晋商文化、抗战文化以及众多非物质文化。山西文化源远流长,承载着中华文明的起源,其完整性、先进性和艺术性对中华文明产生了深远的影响。

中西部地区拥有丰富的文化资源,这些资源是中西部地区软实力的重要体现。虽然许多省份被誉为文化大省,但尚未成为真正的文化强省,其中一个原因是文化资源的开发、传播和转化力度有限。

中西部地区的文化保护和传承需要与时俱进,根据时代的需要、媒介的变化和受众的需求进行再挖掘和新媒体传播。然而,现实的挑战是,中西部地区拥有庞大而丰富的文化内容,其中一些因为抽象晦涩而与现代人的生活相距甚远,一些因为传承人和适用范围有限而逐渐消失,一些因为过度开发而岌岌可危,一些因为现代媒介技术和全球化对消费市场的竞争而逐渐被遗忘。即使是具有较大影响力和较高开发水平的地域特色文化,其历史渊源、时代内涵和典型特征在当地也仅仅停留在口号的层面,缺乏深入的挖掘和有效的传播,更不用说在省外乃至国外的影响力了。

在中西部地区的西部开发、中部崛起、脱贫攻坚、生态建设、转型发展和政府治理能力现代化等中国特色社会主义建设实践中,也形成了许多新时代的文化、奋斗精神和精品服务。这些时代文化不仅促进了当地经济的发展,还丰富和完善了当地的精神文化,成为中华民族乃至人类历史发展进程中的珍贵宝藏。然而,对于这些时代文化的挖掘、研究和传播的力度仍然非常有限。

在当前移动互联网时代,中西部地区的传统文化和新时代文化的深度开发、对外传播以及产业发展并未取得突破性进展。新媒体传播强调数字化和互动性,而中西部县级融媒体中心在进行数字媒体转型的同时,应该积极挖掘当地的文化资源,开发当地的文化产品,推动文化产业的发展。通过利用民众喜闻乐见的形式,县级融媒体中心可以全面、立体地展现中西部地区丰富多样的文明。同时,它还能够帮助中西部地区抓住新媒体时代的传播机遇,实现快速发展,从而建设成为社会主义文化强省。

第一,县级融媒体中心在挖掘、传播和开发当地文化资源方面,发挥着重要作用,为文化强省的建设提供了强大的群众基础。文化是民族的血脉,也是人民的精神家园。要建设文化强省,首先需要在群众中广泛弘扬当地的文化,通过文化凝聚人心。县级融媒体中心可以将文化强省的建设目标细化到群众文化事业中,以群众的文化需求为文化传播和服务的源泉。在完善现代化基层服务体系和传播体系的同时,县级融媒体中心应当提炼当地文化的内涵,完善文化基础设施建设,扩大文化服务的覆盖面,深入实施文化惠民工程,为群众提供优质的文化服务。

在实践中,县级融媒体中心可以采取多种方式和手段,提高群众对当地文化的认知和认可。例如,可以通过官方媒体挖掘当地的特色文化和时代文化,从新闻内容层面传播当地文化的内涵。此外,还可以利用电视专题片、户外公益广告、文化进万家、全民阅读等公益性文化系列活动,从渠道层面传播当地的文化。另外,通过开发文化创意产品、生产和传播文创热门产品,将文化与产品、饮食、当地博物馆、服饰、网络文章等结合起来,使文化真正走进群众的生活。

通过优秀的传统文化和现代先进文化的熏陶,县级融媒体中心可以影响、教育和提升人们,使群众成为文化强省的支持者、先进文化的传播者,同时也成为文化事业的建设者和消费者。这样的努力将集中挖掘中西部地区丰富的文化资源,为文化强省的建设提供坚实的群众基础。同时,文化的繁荣传播也将为县级融媒体中心提供丰富的用户和内容资源,通过与高质量用户群体的接触和评价标准,提高县级融媒体中心的知名度,促进其高水平的建设。

第二,县级融媒体中心具有在全网传播的能力,可通过立足本地、面向县外的全面传播,扩大本地文化的影响范围,吸引更多文化、旅游及其他产品的消费者。这不仅有助于提高当地文旅产业的发展水平,推动文化强省的建设,还能促进整个省份的转型发展。

在移动互联网时代,城市形象和文化资源的传播已经实现了全网、全媒体和社交化的传播,县级融媒体中心完全具备这种传播的条件。县级融媒体中心可以通过平台生产和传播高质量、多媒体的文化旅游信息产品,提高外地群众对当地文旅资源的认知和消费潜力。同时,还可以邀请当地政府负责人和文化名人在平台上直播宣传当地文化,或为当地产品进行推广和销售,开展各种类型的旅游文化和农特产品的电子商务业务。这些举措将有助于乡村振兴,推动县域旅游、文化及其他实体经济的发展。

而当地群众则可以通过分享功能在社交媒体上二次传播本地文化信息和产品,展现家乡的文化风貌,为本地文旅代言。这样的行为可以有效扩大地域文化和产品的说服力和影响力,促成潜在消费群体的行动实现。通过以微观话语主体的方式,带动本地经济的发展。

通过县级融媒体中心的努力,本地文化和产品将得到更广泛的传播和推广,吸引更多消费者的关注和消费,促进当地经济的繁荣发展。同时,这也将为县级融媒体中心提供更多用户和内容资源,提高其在全网传播中的知名度和影响力。这种相互促进的关系将为县级融媒体中心和本地文化的发展带来更大的机遇和成果。

第三,县级融媒体中心具备推进当地文化创造性转化和创新性发展的能力,对于促进文化产业的发展壮大起着重要作用。文化产业是构建文化强县的重要标志,而县级融媒体中心在促进文化的产业转化和创新发展方面拥有独特的条件。

县级融媒体中心拥有宣传当地文化的历史传统和丰富经验,是生产和传播当地文化产品的主要力量。同时,它还拥有文化产业发展所需的专业人才和市场资源。在建设县级融媒体中心的同时,可以运用新技术、新形式和新手段,创作一批新时代的当地文化精品产品,打造具有权威性和历史内涵的现代化文化品牌。

县级融媒体中心还可以发挥上联下通、沟通内外的作用,整合一切有助于文化开发的技术和资源,推动文物保护利用、遗址考古发掘和非遗成果保护等文化事业的发展。同时,借助互联网、云计算、大数据和人工智能等新技术,融媒体中心可以推动文化产业的转型和结构优化。可以整合现有的文化产业资源,将县级融媒体中心建设成为提供文旅服务、文创产品开发、教育培训、印刷出版、公关广告、演艺庆典等服务的本土文化龙头企业。还可以孵化一批小微文化企业,打造数字文化产业园区,并为相关文化企业提供宣传推广服务。通过不断壮大文化市场主体,促进文化产业的发展壮大,为文化强县、文化强省的建设提供有力支持。

综上所言,县级融媒体中心通过采纳和应用信息技术,为当地提供权威、科学的信息服务,同时通过挖掘、传播和开发当地文化资源,推动当地文化的创造性转化和创新性发展。这是县级融媒体中心履行社会责任、助力当地信息科技和文化崛起的有效途径,也是实现县级融媒体中心自身纵深发展的必经之路。

只有在与当地经济社会实现共赢发展的过程中,县级融媒体中心才能精准对接当地发展需求,顺应基层民众的期待,更好地引导和服务群众。只有如此,县级融媒体中心才能真正发挥作用,建设高质量的媒体中心,通过与当地经济的紧密结合,为县域经济发展和社会治理开启新局面,谱写新篇章。

第七章
县级融媒体中心未来的发展方向

　　未来如何推动县级融媒体中心建设向纵深发展，向基层延伸，做大做强主流舆论，是各一线工作人员最关注的问题。笔者认为，县级融媒体中心优化与上级政府和媒体的联结、优化与群众的联通、实现与市场的接轨、完善内容与服务的供应，是推动融媒体中心纵深发展的主要路径（见图7-1）。

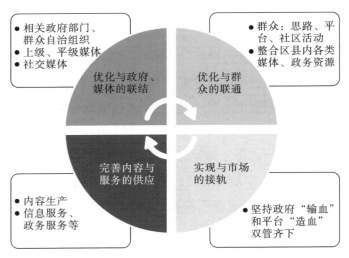

图7-1　推动县级融媒体中心纵深发展的四个思路①

　　① 赵薇源.顶层设计、建设现状与突围路径：中西部县级融媒体中心建设研究[M].武汉：武汉大学出版社，2023：96.

第一节　优化与上级政府和媒体的联结
——以省级党报与县级融媒体中心的深度融合为例

一、发展策略

县级融媒体中心作为党和政府现代化传播体系和新时代治国理政新平台的重要组成部分,与相关政府部门关系密切,承担着宣传主流声音、做好基层舆论工作和建设政务服务平台的重要任务。它与上级政府保持互联互通,与县委县政府紧密协作,为政府各部门的工作提供宣传推进平台,联系各群众自治组织,弘扬主旋律,确保及时、权威、贴切地传播和解读党和政府的声音,并及时向上级反馈基层舆论动态。县级融媒体中心承担着传统的"耳目喉舌"宣传功能,是其核心工作。

为了加强媒体与政府的联络宣传工作,提高县级融媒体中心的建设质量,需要在建立完善的对上沟通机制的基础上,上级政府尤其是宣传主管部门应在确保政治正确的前提下,适当放宽管制,创新监管机制,为融媒体中心提供充足的创新空间。这样可以更好地发挥融媒体中心的作用,促进媒体与政府的有效对接,提升传播效果和舆论引导能力。

具体而言,一是给县级融媒体中心"减负",应适度减少县级融媒体中心对政府日常工作的报道宣传任务,减轻其负担。政府可以放松对其具体业务和管理细节的管制,勇于改革和放宽约束和限制。这样做可以为融媒体中心创造一个宽松的环境,让其有更多的空间和机会进行内部管理的创新,提高新闻传播的力度,优化舆论环境,从而使融媒体中心能够从转发和重复传播中央和省市层面的精神和活动中解脱出来,摆脱宏大叙事的束缚。同时,也可以从与群众关联的众多政府日常工作中解放出来,真正做好政府、基层和群众的舆论宣传工作,践行"服务好民众就是最大的政治"。

二是需扩大县级融媒体中心与居民委员会或者村民委员会等群众自治组织的联络,这些群众自治组织是当前我国社会中最基层、与群众联系最紧密的组织。通过与这些群众自治组织的直接联系,县级融媒体中心可以采用更精准、覆盖全体群众的传播方式和联络渠道,最大限度地打通信息传播的最后一百米。同时,群众自治组织能够第一时间掌握群众丰富多彩的活动、多元的基层舆情以及群众对政府的意见和建议。这为县级融媒体中心提供了充足、切合群众实际和兴趣的信息素材或产品,并有助于主流舆论阵地更有效地掌握舆情、引导舆论,并第一时间向政府反映民情民意。然而,目前由于各种因素的限制,群众自治组织尚未成为县级融媒体中心的主要素材来源和传播渠道。因此,密切二者之间的联系具有重要的探索和实践空间。

三是在确保政治正确、口径一致的前提下,逐步转变发布审批机制为事后追责机制,为基层宣传人员创造开放、宽松的内容生产环境。这意味着减少对信息产品的生产流程的限制,提高新闻传播的时效性。同时,将宣传内容的质量和社会影响力纳入宣传干部的考核评价体系,从政策层面鼓励、引导和要求县级融媒体中心积极创作具有广泛社会影响力的内容,提高其对群众的吸引力。同时,需要转变对信息的处理方式。逐步摒弃删稿、删帖和关闭信息交流渠道的行为,而是逐步引导县级融媒体中心成为信息交流、官民沟通和群众讨论的公共平台。县级融媒体中心应该以基层媒体的创新实践为素材,扩大这些实践成果在国际传播中的影响力,以此破解西方对我国"言论不自由"的污蔑,展示我国在信息传播领域的开放、多元和包容。

县级融媒体中心在作为基层媒体的同时,需要更好地与上级和同级媒体组织以及社交媒体建立紧密联系,实现全面的技术平台、工作机制和业务交流学习的联结。为此,可以利用人民网、新华网、光明网等中央媒体,以及省级和各地级市媒体的信息平台和资源。可以分批选派本地记者进入上级媒体,特别是省市媒体组织,接受驻站培训,并参加选题策划会,了解上级媒体的宣传重点。这样可以有针对性地为上级媒体提供新闻素材和报道,提高本地新闻的曝光量和传播覆盖面。在驻站培训中,还可以积极学习上级媒体对本地融媒体中心建设有借鉴价值的业务经验。

同时,各县级融媒体中心还需要与其他同级中心保持紧密联系。这些同级融媒体中心可能面临类似的建设现状和难题,并且可能具有推广性强的经验。通过保持密切联系,可以形成互助合作的融媒体区域联盟。这样不仅可以共享信息素材、采编资源、传播渠道、建设模式和经验,还可以共同探讨问题,合力解决融媒体中心在区域内面临的共同难题。通过群策群力,可以建设高质量的融媒体中心和区域联盟,提升本区域在信息市场中的影响力和竞争力。

此外,县级融媒体中心还需要进一步优化与社交媒体的联结。虽然多数县级融媒体中心已经在微博、微信、抖音等社交媒体平台上开设账号,并以社交媒体为主要平台布局其新媒体传播矩阵,但存在一些问题。例如,一些融媒体中心将开通社交媒体账号视为硬性任务,开通后不加管理,或者只是简单复制官网信息和政府文件,或者媒体形式单一,未采用多媒体形式进行传播,或者缺乏传受互动,不回应网友的留言,或者发布与县级融媒体中心无关的私人或商业信息。这些做法背离了初衷,既未在社交媒体中引起关注,生产出受欢迎的爆款产品,还降低了官方媒体和政府在群众中的声誉,疏远了政府与群众的关系。因此,如何进一步优化县级融媒体中心与社交媒体平台的联结,是一个值得深入思考和探索的问题。我们需要寻找更加有效的方式,将社交媒体作为与群众互动、传递有价值信息和建立良好关系的工具。

二、省级党报与县级融媒体中心深度融合案例

为积极推进县级融媒体中心建设纵深发展,2020 年 7 月,贵州日报当代融媒体集团旗下天眼新闻客户端联合贵州省内 8 家区县级融媒体中心,发起成立了贵州省首个融媒体云上编辑部,当年 11 月完成全省 96 家县区级融媒体中心入驻。云上编辑部采用新闻众筹的方式,成员单位可随时发起联动策划,调度内部资源,实现内容生产与传播渠道的"共建、共享、共融、共赢"。

为更好推进融合探索,2020 年 9 月,《贵州日报》天眼新闻版开设"云上编辑部"栏目,将县级融媒体中心生产的内容导入纸面,不断推进省级党媒与县级融媒体中心内容互联互通的探索,构建多层级媒体资源共建共享。

（一）天眼新闻版基本构成

1.版面设置

《贵州日报》天眼新闻版作为贵州日报报刊社探索端报融合的阵地之一，开设于2020年5月18日，为常设版面。天眼新闻版以文字新闻为主，设置头条、大图、看点、客户端、今日推荐5个固定栏目，每日刊登图文稿件10至11篇。

2020年9月，天眼新闻版增设固定栏目"云上编辑部"，专门刊发来自贵州96家县级融媒体中心的新闻产品。随着共享渠道的逐步完善，天眼新闻版对县级融媒体中心稿件的采用逐步扩展至版面所有栏目。截至2022年12月，共有1836篇县级融媒体中心稿件在天眼新闻版得到呈现，占该版总刊发稿件数的65%，实现了全省县级融媒体中心稿件全覆盖。

2.版面内容

在报道内容上，《贵州日报》天眼新闻版以刊发基层一线鲜活新闻为主，注重稿件的故事性，要求见人见物见事。以2020年10月至12月为例，天眼新闻版共刊发197篇县级融媒体中心稿件。其中，以村、村集体合作社进行产业发展为报道对象的稿件占比最高，为39%；以致富带头人为报道对象的新闻占比34%；讲述易地扶贫搬迁群众新生活、干部帮扶故事的稿件分别占比8%、4%；关于政府部门、社会企业的稿件均占6%；其他题材占比3%。从中可以看出，天眼新闻版报道议题多以"小切口"反映脱贫攻坚、乡村振兴等"大主题"，这样的版面定位为县级融媒体中心稿件的导入提供了基础。

（二）天眼新闻版与县级融媒体中心互联互通机制的构建

云上编辑部栏目开设以来，天眼新闻版通过三次升级，搭建起与贵州各地县级融媒体中心的有效互通渠道，切实发挥"云编辑"的平台作用。

第一阶段，建立沟通渠道，解决稿件来源问题。在筹划设立云上编辑部栏目之初，天眼新闻版编辑团队通过微信、电话等方式逐一与县级融媒体中心相关负责人进行沟通、传达用稿需求、掌握县级融媒体中心主要发稿渠道。此阶段，天眼新闻版编辑团队将主要精力放在熟悉各县级融媒体中心产品风格、大力尝试端报内容的转化上。编辑团队还与各县级融媒体中心确定 1 至 2 名投稿人,由投稿人负责将其所在县级融媒体中心的优秀产品向天眼新闻版推送。

第二阶段,扩大供稿渠道,提升稿件质量。随着县级融媒体中心稿件在省级党媒上的曝光度的不断提高,云上编辑部栏目的知名度也不断提升,越来越多的县级融媒体中心记者主动加入投稿人队伍中,报道覆盖面逐步扩大。随着稿源的多元化,天眼新闻版编辑团队进一步发挥"选组编"能动性,对常规化新闻稿件进行亮点提炼、对同题新闻稿件进行整合、对网端新闻进行"二次创作",增加县级融媒体中心稿件的厚度与深度,丰富版面表达。

第三阶段,以策划驱动县级融媒体中心进行内容生产,实现共享共赢。通过云上编辑部,天眼新闻版每周向县级融媒体中心输送 1 至 2 个选题协同生产,并从选题方向、执行角度、成稿效果等方面跟进把关。

在该模式驱动下,县级融媒体中心稿件在天眼新闻版、天眼新闻客户端重要位置呈现的机会不断提升,进一步提升了县级融媒体中心记者的创作积极性。这些内容也以不同形式回流至各县级融媒体中心新闻发布平台,实现省级党媒与县级融媒体中心的协同生产,新闻产品的共享共融。

第二节　优化与群众的联通
——以县级融媒体中心适老化内容生产为例

一、发展策略

为了满足群众的需求,县级融媒体中心不仅需要优化与相关政府部门和媒体的联系,还需要重点关注与群众的联结,通过基层政府机构、群众自治组织等渠道来实现。作为距离群众最近的官方媒体,县级融媒体中心更容易了解当地群众的信息和服务需求,从而根据具体情况制定相应的策略,更好地满足群众的需求。县级融媒体中心应该致力于打通为民服务的最后一公里、最后一百米,实现融合供需、融合民心的媒体融合目标。在优化与群众的联结方面,县级融媒体中心需要大力探索。

首先,县级融媒体中心在发挥新闻媒体属性和政务服务属性时,应树立"区县融媒体中心更多是一种服务基层治理的手段,而不是单纯的宣传平台"的观念。要摆正服务和引导的关系,加强服务意识,确保服务始终放在首位,引导紧随其后。目前,一些县级融媒体中心在思想上存在一定的误区,过于强调宣传引导和服务政府的重要性,而忽视了对百姓生活的服务。政策宣传和舆论引导固然是县级融媒体中心的重要任务,但不能偏废其他方面,应将党的路线方针政策与本地资源相结合,以服务群众为基础,加强舆论引导,从而加强主流舆论的地位。

其次,县级融媒体中心应明确自身定位和工作方向,站在解决民众实际问题的角度思考,直面本地民众的困难、需求和意见,真正成为反映老百姓生活真实状况的窗口,成为区县政府巩固和壮大主流思想的舆论根据地。同时,县级融媒体中心可以探索社区服务,通过开展平安志愿服务、评选感动人物等系列活动,挖掘当地故事,展现当地群众的生活现状。这样既能展示融媒体中心的影响力,又能通过社区服务走进群众心中,更加贴近他们的需求。

再次,县级融媒体中心还需要与社交媒体保持畅通的连接。可以在"学习强国"学习平台、今日头条、微信、微博、抖音、快手等社交媒体上开设本区县频道,积极开展各类社交媒体内容建设和与群众的互动。根据群众的媒体使用偏好,不断更新社交媒体传播矩阵。在未来几年,县级融媒体中心可以积极探索激活政务服务平台的思路,利用融媒体平台有效解决或回复群众的需求。通过这些举措,县级融媒体平台可以成为群众在遇到困难、有问题、有诉求时的首选渠道,充分发挥其为民服务的作用。

最后,为了实现服务群众和联络群众的目标,县级融媒体中心需要进一步打通和融合区县内的媒体和政务资源。尽管县级融媒体中心在现阶段主要充当媒体平台的角色,但要实现媒体为民服务和联络群众的目的,还需要与区县内的媒体和政务资源进行深度合作。

在区县政府下面,有许多政府派出机构和群众自治组织,它们直接向群众提供公共服务和产品,并设有自己的信息宣传部门。这些组织机构不仅掌握着最新、最真实的政策实施效果,还了解企业困难、群众诉求和反馈等情况。同时,它们也是政府与民众沟通的前线。然而,这些资源相对分散,影响力有限。因此,县级融媒体中心需要与本地的媒体和政务资源进行打通和融合,形成区县内媒体和政务资源联盟。通过这种方式,可以打造一个全新的媒体传播矩阵,采用1+X+Y+Z的模式。其中,1代表作为核心平台的县级融媒体中心,X代表与其他媒体机构的合作,Y代表与政府派出机构的合作,Z代表与群众自治组织的合作。通过联盟的形式,可以实现资源的共享和互通,提升影响力和覆盖面,具体如图7-2所示。

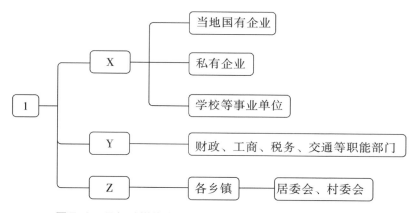

图7-2　县级融媒体中心1+X+Y+Z的新兴媒体传播矩阵①

二、县级融媒体中心适老化内容生产建设路径

(一)主体:打通受众参与渠道,尝试"文化用老"

第一,丰富老年受众专属板块,让老年人成为内容主体。县域媒体对老年群体的服务力应体现在生产与老年群体相关的内容、为老年人提供便利的服务以及尊重老年人的个性需求等方面。对此,县级融媒体中心应适当增添为老年人服务的内容板块,让县域老年人的生活和大众视线"对齐"。县级融媒体中心打造老年受众的专属板块,须将服务老年群体的内容制作

---

① 赵觅源.顶层设计、建设现状与突围路径:中西部县级融媒体中心建设研究[M].武汉:武汉大学出版社,2023:99.

成合集,便于提高老年群体的检索便捷度。该板块的设置可参考央视CCTV-12的《夕阳红》栏目。

第二,优化老年受众投稿方式,让老年人成为生产主体。县级融媒体中心的"文化用老",是指让老年人参与到县级融媒体中心的内容生产环节中,既让老年人的表达有了平台渠道,也让县级融媒体中心的内容生产得到新的动力源。畅通的投稿方式可激发老年人的生产积极性。为吸引这部分受众参与到县域媒体的内容生产中,县级融媒体中心应简化投稿流程与步骤,让有意愿投稿的老年人实现"一步投稿"。

(二)渠道:发挥传统媒体优势,助力老龄事业发展

第一,传统媒体注入适老服务力,多维度提升内容传播力。首先,电台连通"新声音",用电台为县域老年人搭建起语言沟通平台,如开辟服务地方老年人的《家政专栏》《医疗专栏》《问诊直通车》等,让老年人重新体会到媒体与他们"呼吸间的距离"。其次,电视打造"新角色",让电视屏幕发挥引导、服务、娱乐老年群体的多种功能,开创乡村新闻节目、民俗戏曲节目、旅游文化节目、中医养生节目等与"老"百姓生活紧密相关的栏目。最后,报刊传递"新观点",利用报刊中内容的深度和广度,满足县域老年人的阅读和思辨需求。与电台、电视台不同,部分报刊订阅需具有较强的阅读能力,因此报刊要考虑到老年群体文化背景的差异性,让内容生产满足不同老年人的需求。

第二,凝聚媒体矩阵适老承载力,多层次提升内容影响力。首先,电台节目应以小切口提供服务。部分县域老年人在清晨有散步、锻炼、购物等习惯,这一专属于老年人的习惯可为县域电台提供适老化服务切口。如可增加天气预报、养生技巧、歌曲、戏曲等节目内容满足老年群体的收听需求。其次,电视节目强调播放稳定性和连续性。老年人观看电视的时间一般集中于晚上,因此,县级融媒体中心可提供适于晚上观看的影视、综艺、曲艺、医疗类节目,为老年人的晚间休闲提供多样选择。最后,印刷适合老年人阅读的大字图书,同时,要注重图书内容的贴近性、可读性与有用性。可增加优秀小说、图文作品,丰富老年人的阅读选择。

(三)内容:结合老龄化特征,满足差异化内容需求

第一,讲述乡村故事,让老年人知晓身边事。县域小事是居民大事,是

百姓喜闻乐见的事。县级融媒体中心应当密切联系县域、乡镇网格员,借助微信群等联系方式,搜集县域内与百姓相关的新闻事件,大力挖掘本地新闻题材、生产本地民生新闻,为老年受众提供贴近群众、贴近生活、贴近实际的"身边故事"。

第二,生产本土综艺节目,让老年人"老有所乐"。综艺节目制作可从老年人的生活爱好和群体特征着手,如旅游摄影、养殖烹饪、书画歌舞等老年人擅长的生活爱好,或健康运动、食疗养生、传统民俗、婚恋交友、网购技巧、生活妙招等贴合老年群体生活的内容。

第三,增加健康教育服务,让老年人"老有所医"。县级融媒体中心应发挥与县域老年群体"强链接"的媒体优势,以"线上线下并行"的教育课堂,提高当地老年群体的健康教育水平。首先,创新活动形式。县级融媒体中心可配合县域或省市的卫生健康、教育、体育、中医药等部门,坚持"线上线下并行"的方式,开展老年人教育健康知识普及活动,以"卫生健康""老年教育""体育运动""医疗养生"等多个主题为引,丰富老年教育的活动形式,增长老年人的健康知识。其次,融入多样场景。各县域融媒体中心在举办志愿者乡镇医疗服务、养老院慰问活动、重要节日或活动会演时,都可以增加对老年群体的健康教育环节,做到健康教育服务的全面渗透。

第四,提供就业岗位信息,满足老年人再就业需求。县级融媒体中心作为县域的信息枢纽和资源中心,应利用自身优势完成信息聚合与筛选任务,通过与当地人社服务平台、人才就业中心等单位合作,以短视频、图文等作品形式提供适合老年人的就业信息,帮助该群体获得工作机会、提升社会价值、减轻生活负担。

(四)形式:运用适老化表达,推动政务信息有效传播

县级融媒体中心作为衔接中央与地方的重要桥梁,能否做好政策解读或信息服务是衡量其传播力高低的标尺。

第一,精简图文排版方式,确保老年人"听得懂"。2022年,蓝马甲公益行启动仪式发布的《适老化设计与服务参考指南》作为全国首份研究"适老化设计标准"的报告,在页面设计、图标表达、文字阐述等多方面为县级融媒体中心图文排版的"适老化"提出建议。一是页面图文听得懂、看得明,适合

老年群体的理解能力。二是蓝色、黑体、字大、间距足的页面布局,更适合老年群体的阅读偏好。基于此,各县级融媒体中心推动内容排版"适老化",应从文字阐述、页面设计两个方面出发,强化页面设计、图标表达、文字阐述的"适老"。

第二,强化故事化表达,确保内容"好明白"。故事化表达是指充分运用文学化手法,以悬念冲突来刻画情节,引领受众逐渐接近新闻真相的表达方法,具有增强新闻的趣味性和可读性的作用。县级融媒体中心应以自身的适老化成果和《快乐老人报》的适老化表达为参考,坚持"以人为本",把镜头转向老年人、把话筒递给老年人、把评价交给老年人,让老年人成为内容服务的对象、故事里的主角,让故事外的老年人可以找到"故事中的自己",从而增加其新闻阅读兴趣,让重要新闻得以传播。

第三,引用地方方言,确保作品"能理解"。对老年人而言,方言不仅是县域的特征,更是他们的交流工具,乡音是增强县域老年人认同感的重要元素。县级融媒体中心活用家乡话,有利于强化老年人群对新闻内容的理解和认同。各县级融媒体中心应大力引用地方方言,增加县域老年人对内容和作品的理解和喜爱。以老年人群为主的内容生产需要迎合老年人群的语言习惯,尤其是民生新闻与县域特色节目,方言的引入会增加内容的"乡土味",让老年用户意识到县域媒体与其他媒体的区别,从而加深其对县级融媒体中心"服务县域百姓"职能的认知。

第三节　实现与市场的接轨
——以构建经营创收机制为例

一、发展策略

在确保社会公益属性的前提下进行市场化改革,实现县级融媒体中心与市场的接轨。县级融媒体中心作为政府信息服务平台,具有政治属性、社会属性和媒体属性,其公益性质远超过市场属性。然而,完全依靠财政拨款作为外部输血渠道不仅增加了当地财政的负担,而且在现有的体制机制下,只进行小修小补的改革方式既无法激发工作人员的积极性,也无法确保政治传播、新闻资讯和社会服务的质量。因此,在县级政府加大对媒体融合的支持力度的同时,县级融媒体中心应进行市场化改革,实现媒体与市场的紧密结合。这意味着需要改革和创新管理机制,激活人才资源,充分利用现有的传播和服务资源。

县级融媒体中心作为政府直属的社会公益性事业单位,其定位并非发展为商业媒体,而是引导群众、服务群众的重要机构。在实现县级融媒体中心的纵深建设和可持续发展时,需要坚持政府的资金支持与平台的自我发展相结合。在坚持采编经营分离的基础上,融媒体中心应增强自身的自我发展能力,通过市场化运营实现价值的变现。

具体而言,需要打破融媒体中心对政府财政投入的完全依赖。只有打破这个依赖关系,融媒体中心才能真正融入市场,提高对营销、广告、人才、服务和群众反馈的重视。只有如此,融媒体中心才能真正提供具有市场竞争力、吸引群众的内容和服务,从而提升其影响力,并实现持续发展的良性循环。

二、经营创收方面的市场机制构建

(一)继续创新广告服务

针对当前传统电视广告、报纸广告下滑的趋势,县级融媒体中心要不断做大做强移动客户端的影响力,开发新的广告形式,如直播广告、互动广告、多媒体广告、H5广告等,使之成为新的广告增长点。通过移动客户端进行实时直播,吸引大量观众在线观看,为广告主提供与目标受众实时互动的机会。直播广告能够创造紧迫感和参与感,吸引更多用户主动参与和购买产品或服务。利用移动客户端的互动性,设计创意独特的广告形式,引导用户参与互动体验。这可以包括投票、答题、抽奖等形式,增加用户参与度和留存率,提高广告的转化效果。充分利用移动客户端的多媒体功能,将广告制作成富有趣味性和创意性的视频、音频、动画等形式。多媒体广告更具吸引力,能够在短时间内传递更多信息,有效提升广告的关注度和影响力。开发交互式的 H5 广告页面,使广告呈现更加生动和有趣。H5 广告具有较高的分享性和传播性,能够快速扩散,增加品牌曝光和用户参与度。利用移动客户端数据分析技术,深入了解用户兴趣和行为习惯,精准定向投放广告,提高广告投放效率和精准度。通过移动客户端平台与品牌进行合作,进行品牌赞助,将广告与内容有机结合,提供更加个性化的广告解决方案,增加品牌忠诚度。采用创新的内容营销方式,将广告融入有趣、有用、有价值的内容中,增加用户对广告的接受度,降低用户对广告的抵触情绪。将广告与社交媒体结合,利用用户的社交分享行为,实现广告内容的快速传播,扩大广告的覆盖范围和影响力。例如,山东昌乐县融媒体中心成立了昌乐品牌宣传战略联盟,加盟单位通过缴纳加盟年费成为钻石会员、铂金会员、黄金会员。融媒体中心对这些会员给予不同方式的广告优惠。截至 2023 年 2 月,已在全县吸收会员 500 多家。

(二)策划线下活动助推经营

活动是提升媒体影响力的重要手段,也是参与市场竞争的重要载体,包括举办各种大赛、百姓春晚、颁奖晚会、好人发布会、各种评选及企业年会、晚会、展会等。举办各种活动能够吸引大量观众、嘉宾和媒体的参与和报道。活动现场的新闻、图片、视频等内容将成为媒体报道的重要资源,通过各类传媒渠道传播,扩大活动的影响力和知名度。通过活动,媒体可以有效推广自身品牌以及合作伙伴的品牌。在媒体行业激烈的市场竞争中,举办具有吸引力的活动可以吸引更多广告商和赞助商的合作。同时,通过活动策划与推广,媒体可以吸引更多优质内容和资源,增强市场竞争力。为受众提供精彩的活动体验,能够增加用户对媒体的黏性和忠诚度。举办与受众兴趣相关的活动,有助于拉近与受众的距离,建立更加紧密的联系。

为促进消费,苏州吴江区融媒体中心与吴江区委区政府、商务局合作推出了"双 12 苏州购物节·乐购吴江""五五购物节·乐购吴江"系列促消费活动,组织了十多场大型落地活动,对接美团、阿里本地生活等线上平台,通过发放消费券、优惠红包等福利活动,营造消费氛围。活动累计拉动消费超15 亿元,启动当地当月社会消费品零售额降幅较上月快速收窄 1 个百分点,全区网络零售额达 45.9 亿元,同比增长 23.8% ;活动期间汽车、大型商超等行业的线下销售同比增长均突破 50% 。同时,融媒体中心也获得营收。

(三)开展电商服务,进行直播带货

直播带货是一种在实时直播中展示产品、演示使用方法,并引导观众在线购买的销售方式。媒体可以邀请网红、行业专家等进行直播带货,吸引大量观众参与,提高销售转化率。通过直播带货,媒体可以与电商平台合作,获取销售提成和广告费用,同时也提升用户黏性和忠诚度。媒体可以借助自身的平台优势,开展电商服务,为企业提供广告投放、内容推广、精准营销等服务。通过推广品牌和产品,吸引广告主和商家入驻,实现广告费用和合作费用的收入,为媒体带来经济效益。

湖南浏阳市融媒体中心的"羊淘商城"集媒体、内容、电商于一体,精准对接"供""需"双重市场,以"消费助农"和"网红直播"为特色,构建传播、导购、交易闭环,定向购销本地特色产品,拉动本地消费。"羊淘商城"合作企业(商家)达 1000 多家,上架产品达 3000 多款,销售金额超过 3000 万元,"羊淘商城"还将技术平台输出到山西孝义,湖北通城、洪湖和湖南澧县、永州等地。

(四)开展信息化建设业务

县级融媒体中心要善于抓住信息化建设的机遇,全面介入智慧城市、智慧党建、智慧城管、智慧旅游、智慧教育等应用业务,实现"融媒体+"的跨越。县级融媒体中心可以与地方政府和城市管理部门合作,通过整合媒体资源,提供城市信息发布、实时交通状况、城市事件处理等服务。融媒体中心可以通过新闻报道、短视频、社交媒体等渠道,为市民提供方便快捷的城市生活资讯和服务,增进政府与市民之间的互动交流。在智慧党建方面,融媒体中心可以通过政务新媒体、移动客户端等平台,宣传党的政策和声音,同时开展线上线下互动活动,加强党员干部和群众之间的联系。通过智慧党建,融媒体中心可以提高党建工作的覆盖率和参与度,加强党组织与群众的沟通联系。

融媒体中心可以通过直播、无人机航拍、监控等技术手段,及时报道城市管理的现场情况,加强城市执法监督和公共事件的跟踪报道。同时,融媒

体中心可以与城管部门合作,推出城市管理服务平台,方便市民举报问题和反馈建议,促进城市管理的信息化和智能化。融媒体中心可以与旅游部门、景区合作,提供智慧旅游服务。通过移动客户端、AR/VR 技术,推出导览、讲解、打卡等功能,提升游客旅游体验。同时,融媒体中心可以通过线上线下宣传推广,吸引更多游客到访,促进旅游产业的发展。在智慧教育领域,融媒体中心可以与学校合作,开展线上教学、在线培训、教育直播等服务。通过新闻报道、专题节目、微课程等内容,宣传教育政策和教育成果,推动教育信息化的发展。云南文山市融媒体中心创办的文山融媒英才网、百事通等系列小程序年访问量超过 50 万,入驻企业 1000 余家,成功推动"媒体+政务服务商务"模式落地生根。

(五) 拓展营收多元渠道

县级融媒体中心可利用政府资源优势在社区(农村)建设信息服务站、信息服务电子屏,既是媒体信息载体,也是商业广告平台,甚至还可以是物流载体,具有相当的商业运作空间。县级融媒体中心可以与地方政府合作,在社区和农村地区建设信息服务站,提供新闻资讯、政策宣传、文化活动等服务。这些信息服务站可以设立在社区文化广场、乡村集市等繁华地段,方便居民和农民获取信息,提高媒体的覆盖面和影响力。在信息服务站或其他公共场所设置信息服务电子屏,展示实时新闻、天气预报、公告通知等信息。信息服务电子屏不仅可以满足居民和农民的信息需求,还可以为广告商提供展示广告的平台,实现商业化运营。信息服务站和信息服务电子屏可以成为商业广告的重要展示平台。县级融媒体中心可以与地方企业和商家合作,推出各类广告业务,为其提供广告投放、推广营销等服务。这样一来,媒体可以通过广告业务获得收入,同时为企业提供宣传推广渠道。信息服务站还可以发挥物流载体的作用,成为商品配送、服务提供等的集散地。融媒体中心可以与电商平台、快递公司等合作,为居民和农民提供物流服务,提高信息服务站的实用性和服务价值。信息服务站和信息服务电子屏可以成为举办社区活动、文化展览等的合作伙伴。县级融媒体中心可以与社区文化组织、教育机构等合作,共同举办各类活动,吸引更多居民参与,增加社区的活力和凝聚力。信息服务站和信息服务电子屏还可以用于宣传地方政府的公益项目,如环保、扶贫、文明创建等。通过融媒体的力量,将公益项目宣传到社区和农村地区,提高居民对政府工作的认知和理解。

例如,山东巨野县融媒体中心不断开发平面视觉专版、宣传海报、企业专题形象片策划制作等目标精准、创意优质的融媒服务产品,拓展融媒体衍生产业。义乌市融媒体中心内部孵化出少儿艺术培训中心、文化演出部、演播事业部、手游项目部、融媒体会展部等14个产业项目,演播业务面向市场拓展,创收逐年上升。

第四节　完善内容与服务的供应
——以探索创新涉农节目为例

一、发展策略

县级融媒体中心应提供接地气、形式丰富、渠道畅通、满足群众需要的内容和服务,实现"信息传播"与"公共服务"的"双融合",将融媒体中心与线上政务服务中心合二为一,才能真正走到群众身边,走向群众心中。

县级融媒体中心的核心资源是内容和服务,也是推动其纵深建设的基本要素。在做好内容和服务的基础上,县级融媒体中心需要探索市场化运营,否则将本末倒置和空心发展。在内容生产方面,县级融媒体中心需要转变传统宣传模式的惯性思维,积极创新内容生产方式。

作为基层治理的重要渠道,县级融媒体中心既要连接城市,又要紧贴农村,成为联结城乡、工农的重要纽带。因此,它的内容不仅要承载上级政治理念,还要触及百姓的日常生活。然而,传统宣传模式所依赖的政治话语与百姓日常生活的话语存在较大差异,县级融媒体中心面临的重要问题是如何将政治理念、政策内容与百姓日常生活联系起来,并以百姓喜闻乐见的方式表达出来,从而更好地引发共鸣。

具体而言,县级融媒体中心应充分发挥其贴近基层、贴近群众的优势,改变传统的说教范式,摆脱以往的"等靠要""抄一抄""转一转"模式。在成为政治信息传播者的基础上,积极走进百姓的日常生活,关心他们的生活细节,反映他们的情感和需求,与他们同呼吸、共命运。在实践中,需要深入挖掘本地新闻,发现本土化、个性化的新闻素材,创作出受到本地群众乃至全国广大群众喜爱的内容产品。只有深入了解群众的日常生活,摆脱传统的惯性思维和束缚,才能创作出更具地方特色、更具传播力和影响力的内容,从而更好地提升县级融媒体中心的影响力。

未来县级融媒体中心的纵深发展的主要突破口在于提供群众所需的服务,其中包括信息服务和政务服务。信息服务不仅意味着贴近当地群众信息需求的内容呈现,还包括整合本地信息资源,为群众、企事业单位和政府决策提供有针对性的技术咨询、信息咨询、个性化数据等信息服务。县级融媒体中心可以扮演政府的舆情监测机构和媒体智库的角色,成为企事业单位和个人的信息服务供应商,为他们的行为决策提供辅助信息。

在政务服务方面,县级融媒体中心可以成为电子政务服务的前端,整合公安局、教育局、民政局、交通局等与群众办事直接相关的政府部门的平台。通过提供电子化政务服务,县级融媒体中心为群众提供行政审批咨询、公共服务、在线互动等服务。通过这些公共服务功能,可以提高县域群众对县级融媒体中心的关注度和使用黏性,使人们主动参与现代化社会治理,推进县级融媒体中心的纵深建设。真正让群众在实际生活中用起来,离不开。

通过提供丰富的信息服务和便捷的政务服务,县级融媒体中心可以真正满足群众的需求,并成为群众日常生活中的重要支持和帮助。这将增强县级融媒体中心的影响力和吸引力,促进群众对其关注和使用。同时,这也是县级融媒体中心纵深发展的重要方向,为实现现代化社会治理提供有力支持。

二、县级融媒体中心涉农节目创新发展案例

我国人口中有一半的人在农村,他们生活在县域之内,也属于县级融媒体中心的重点服务对象。因此,制作各种贴近"三农",服务"三农"的涉农节目,是县级融媒体中心的重要职责,也是突破自身发展局限的新思路。另

外,伴随三网融合、广电改革的深化,县级融媒体中心的业务收入大幅缩水。但是对于大部分农业县市而言,农资市场是一块大蛋糕。这也在客观层面要求县级融媒体中心做好涉农节目,以创造更多的经济收益。

(一)精准定位受众群体,统筹城乡受众

县级融媒体中心要明白广大农民是涉农节目的主要受众群体,但不能仅限于此,还需兼顾城市居民这一受众群体。由于城市居民所需的生活资料主要来自农村、农业生产,县级融媒体中心可结合地方特色,开办一些关于绿色食品鉴别、蔬果健康营养等节目。

另外,伴随新农村发展,农村的经济水平、农民的生活情况也受到了很多城市居民的关注。涉农节目中可以此为主题制作一些农村新面貌、扶贫等节目,鼓励城市居民为农村建设贡献力量。山东省寿光市于 2011 年推出了蔬菜频道,成为全国首家县级对农频道。在十余年的发展进程中,寿光蔬菜频道始终将"一切为了菜农"作为工作的出发点与落脚点,将菜农、蔬菜产业发展作为自身节目的中心内容,获得了斐然的成绩,成为国内县级电视媒体争相学习的标杆。

(二)创设融媒体矩阵,助力乡村振兴

乡村振兴首先要宣传先行。伴随技术的发展,我们已进入大数据时代。不管是传统媒体还是新媒体,其发展趋势都是全部媒体走向融媒体。当前,电视节目的传播形态与制作流程都已实现了新媒体化。在此背景下传统单一的媒体形式很难跟上时代的节奏,特别是农业信息报道,若只存在于报纸的一个版面或电视的某个节目,是很难满足乡村振兴需要的。对此,县级融媒体中心可借助新媒体平台开展涉农信息的传播,探寻出农民与市场、政府、销售商、农技工作者之间的最理想衔接方式。通过智能终端将最新、最实用的农产品信息、农业政策进行精准传递,充分发挥出这些新媒体平台快速传播信息的优点。而公信力较好的传统媒体可充分借助大屏、小屏的优点,打造融媒体传播矩阵,充分发挥媒体融合的传播特色,制作直播、短视频等涉农节目,以更鲜活、接地气的方式反映农村产业振兴、村容村貌、乡风民俗等内容,让观众看到美丽乡村。

例如,寿光蔬菜频道十余年来始终坚持节目立台,铸精品、塑品牌,突出

服务性、实用性、专业性和贴近性,相继开设了《乡村》《田园采风》《乡村大讲堂》《田间保姆直播间》,实现了自采节目每天 150 分钟,4 档栏目 18 小时滚动播出,节目贴地皮、接地气、惠民生,屡获省市广播电视节目奖,成为菜乡一张亮丽的名片。大屏小屏联动,长短视频呼应。蔬菜频道在深耕电视大屏的同时,把潜力着眼于小屏移动端,为菜农策划、制作长短不一的种植技术视频,在蔬菜频道微信公众号、抖音号、快手号等新媒体小屏平台轮番播放,力争做到大屏播出,收视优异,小屏传播,热搜霸屏。通过大屏小屏联动,长短视频呼应这样一种方式,让蔬菜频道的宣传无处不在,无时不有,从而有效提高频道的收视率。

伴随着一系列创新举措的落地实施,蔬菜频道迅速由单一的电视宣传大踏步向融媒体发展,开设运营微信公众号、视频号、抖音号、快手号,拥有微信、抖音粉丝 30 余万人,微信年阅读量过千万,跻身全国县级百强公众号。十年来,蔬菜频道宣传渠道一再拓展,服务内涵一再延伸,传播力、引导力、影响力、公信力与日俱增,成为全国各地媒体争相学习、模仿的榜样和标杆。

(三)送技术,解决菜农种植难题

融媒体时代信息传播方式有了显著的变化,但从新闻的层面来看,仍是以内容为王。要想取得理想的传播效果,涉农节目传播的内容必须更贴近乡土民情,更符合老百姓的需要。为此,寿光蔬菜频道开播以来,始终将实现好、维护好、发展好菜农根本利益作为出发点和落脚点,正面宣传为主,社会效益至上,一切为了菜农,做他们生活的贴心人和致富的好帮手。为了更好地推广农业技术,解决菜农种植难题,蔬菜频道组建了强大的技术服务团队,20 名来自农业农村局、农业院校的农业技术顾问,30 名品质蔬菜推广研究员、120 名乡村农技专家、200 名"三农"联络站站长,分布于全市各个镇、街道和乡村,24 小时全天候服务,为菜农解难题办实事,为全市蔬菜生产保驾护航。

十多年来寿光蔬菜频道共组织农业专家下乡进棚 3000 多次,为菜农解决各类技术难题近万个,推广新技术、新成果千余项。同时频道开通了蔬菜110 热线和中国(寿光)蔬菜视频云校,通过热线直播、专家进棚指导、技术交流等形式,全方位、立体式解决菜农种植难题,堪称菜农的田间保姆。同时蔬菜频道以现代化农业发展为引领,将寿光蔬菜种植标准和集成解决方案源源不断输往全国乃至世界各地,为寿光模式的推广输出贡献力量。

(四)守正创新,丰富节目内容

近年来寿光蔬菜频道与时俱进,敢于突破创新。2017年频道重磅推出乡村大讲堂,邀请农业专家走出演播室,走进乡村田野,现场为菜农答疑解惑,传经送宝,让菜农足不出村,即可解决各类种植难题。2018年蔬菜频道启动农资品牌计划,与20家农资行业品牌领跑者签订战略合作协议,让正品、质优、价廉的农资真正惠及民生。2019年蔬菜频道开创性运营菜都鲜生社区网团电商平台,打造从源头产地直达社区居民的精品网团模式,有效解决菜农农产品销售难题。2020年蔬菜频道以全市975个村微信群为基础,搭建起千村千群服务平台,通过直播、短视频等新媒体手段,为菜农提供更加精准的服务,实现蔬菜频道宣传农村全覆盖。

与此同时,蔬菜频道紧扣政治导向与市场导向,坚持扶优和打假相结合,对在菜农中拥有口碑的农资予以推荐,对不规范甚至假冒伪劣的产品予以曝光,真正体现栏目的客观性和权威性,同时切实提高蔬菜频道节目的可看性、互动性,服务性和专业性,让菜农放心,让政府满意,具体做法如下。

第一,推出《田园农事》板块,聚焦近段时间菜农所关心的各类农事问题,比如西红柿的死棵、茄子的紫花病毒等问题,邀请农资商家和技术顾问为菜农制订专门的套餐方案,及时有效地为菜农解决农事难题。

第二,设置《田园剧场》,增加节目的故事性、可看性。将田间故事编成一个个小剧本,以情景剧的形式演绎出来,以喜剧的效果、老百姓更乐于接受的形式,潜移默化地进行蔬菜新品种和新技术的推广。

第三,打造《田园争霸》板块。该板块与农资商家联手打造,设置高额奖品,吸引蔬菜种植高手积极参与,比用肥、比用药、比产量、比品质、比效益,做节目的同时,实际上也是普及种植、管理技术,推广用肥、用药经验的过程,老百姓爱看,农资商家也是求之不得。

第四,在增加板块设置,增强节目可看性、互动性的同时,蔬菜频道还在主持风格方面求新求变,稿件写作方面精雕细琢,编辑制作方面精益求精,使得频道节目质量始终走在全国县级台的前列。此外,蔬菜频道每年都举办丰富多彩的线下活动,包括专家下乡、菜农春晚、农资315、乡村大集、爱心送温暖等。

以线上线下活动为支撑,蔬菜频道宣传更加高效多元,社会影响无缝覆盖,经济和社会效益双丰收。

通过本章内容可以看出,为了推动县级融媒体中心向纵深发展和基层延伸,需要在以下四个方面加强工作。一要优化县级融媒体中心与相关政府部门、群众自治组织以及上级、同级媒体和社交媒体的联结,建立新时代治国理政的新平台和现代化传播体系。二要优化县级融媒体中心与群众的联通,正确认识服务和引导的关系,实现区县内媒体和政务资源的打通和融合。三要完善内容和服务的供应,县级融媒体中心应提供贴近群众需求、形式多样、渠道畅通的内容和服务,实现信息传播和公共服务的双重融合。四要在确保社会公益属性的前提下,进行市场化改革,实现县级融媒体中心与市场的对接。

参考文献

［1］谢新洲，朱垚颖，宋琢谢.县级媒体融合的现状、路径与问题研究：基于全国问卷调查和四县融媒体中心实地调研［J］.新闻记者，2019（3）：56-71.

［2］朱春阳.县级融媒体中心建设：经验坐标、发展机遇与路径创新［J］.新闻界，2018（9）：21-27.

［3］宋建武，乔羽.建设县级融媒体中心 打造治国理政新平台［J］.新闻战线，2018（23）：67-70.

［4］王炎龙，江澜.社会治理视域下县级融媒体中心建设探究［J］.南京政治学院学报，2018（6）：97-101.

［5］邹军，荆高宏.社会治理视域中的县级融媒体中心：意义、路径及进路［J］.传媒观察，2019（10）：30-36.

［6］王传宝.国家治理现代化需要传播优势加持［J］.青年记者，2019（32）：1.

［7］陈国权.中国县级融媒体中心改革发展报告［J］.现代传播（中国传媒大学学报），2019（4）：15-23.

［8］郑亮.县级融媒体中心和基层社会治理研究［M］.广州：暨南大学出版社，2020.

［9］李骏.国家治理现代化视域下浙江县级融媒体中心建设与发展［J］.中国报业，2020（3）：46-48.

［10］罗昕，蔡雨婷.县级融媒体创新基层社会治理的模式构建［J］.新闻与写作，2020（3）：48-55.

［11］宋昌进.县级网络空间舆情治理的路径建构：从县级融媒体中心建设说起［J］.新闻世界，2019（9）：39-41.

［12］滕朋.社会治理、传播空间与县级融媒体中心建设路径［J］.当代传播，

2019(2):48-50.

[13]张宏邦.县级融媒体:国际化视野与本土化建设[M].厦门:厦门大学出版社,2021.

[14]詹金斯.融合文化:新媒体和旧媒体的冲突地带[M].杜永明,译.北京:商务印书馆,2012.

[15]权琪人.英国新闻媒体发展趋势对我国媒体融合发展的启示[J].新闻研究导刊,2018,9(2):135-137.

[16]魏然,黄冠雄.美英媒体融合现状与评析[J].社会科学文摘,2016(2):113-114.

[17]曾繁诗,董三仁.整合公共传播力量 推进媒体融合发展:新加坡媒体融合发展的经验与启示[J].今日海南,2014(11):38-40.

[18]蔡雯.媒介融合前景下的新闻传播变革:试论"融合新闻"及其挑战[J].国际新闻界,2006(5):31-35.

[19]林军.沸腾十五年[M].北京:中信出版社,2009.

[20]谢新洲,等.县级融媒体中心建设理论与实践[M].北京:电子工业出版社,2019.

[21]张咏.构建地方融媒体新生态系统[J].中国报业,2019(5):50-51.

[22]周韬,蒋小康,杨雨晴,等.打通引导服务群众"最后一公里":全省县级融媒体中心建设综述[N].湖南日报,2021-03-22(01).

[23]李建艳.江西分宜:重构县级媒体建设与运行机制[J].中国广播电视学刊,2018(11):14-16.

[24]施辉煌.浅析县级融媒体中心的三大功能[J].东南传播,2021(8):56-57.

[25]金蝶.县级融媒体中心基层治理功能发挥研究[D].上海:东华大学,2022.

[26]黄晓新,刘建华,郝天韵.全国县级融媒体中心能力建设研究报告[J].传媒,2023(12):9-12.

[27]钟海."三治融合"基层社会治理创新研究[M].北京:中国社会科学出版社,2021.

［28］赵薇源.顶层设计、建设现状与突围路径:中西部县级融媒体中心建设研究［M］.武汉:武汉大学出版社,2023.

［29］庞博,李中迪.纸面联结指尖 聚力破层出圈:省级党报与县级融媒体中心深度融合的探索与实践［J］.媒体融合新观察,2023(1):44-46.

［30］李木子.县级融媒体中心适老化内容生产建设路径分析［J］.新闻研究导刊,2023(3):137-139.

［31］陈国权.扶持体系下县级融媒体中心市场机制构建［J］.传媒,2023(4):32-36.

［32］赵军.浅谈县级融媒体中心涉农节目的创新路径:寿光市融媒体中心蔬菜频道的探索［J］.新闻前哨,2023(2):55-56.

［33］朱可迪.媒介融合背景下BBC的立体化新闻报道平台构建［J］.今传媒,2015,23(5):101-103.